脱贫攻坚先锋

2018年全国脱贫攻坚奖获奖先进单位事迹

TUOPIN GONGJIAN XIANFENG
2018 NIAN QUANGUO TUOPIN GONGJIANJIANG
HUOJIANG XIANJIN DANWEI SHIJI

国务院扶贫开发领导小组办公室
脱贫攻坚先锋系列图书编辑委员会 编

 中国人力资源和社会保障出版集团

图书在版编目（CIP）数据

脱贫攻坚先锋．2018年全国脱贫攻坚奖获奖先进单位事迹 / 国务院扶贫开发领导小组办公室，脱贫攻坚先锋系列图书编辑委员会编．-- 北京：中国人事出版社：中国劳动社会保障出版社，2019

ISBN 978-7-5129-1448-3

Ⅰ．①脱… Ⅱ．①国… ②脱… Ⅲ．①扶贫 – 模范单位 – 先进事迹 – 中国 Ⅳ．① K820.76

中国版本图书馆 CIP 数据核字（2019）第 200889 号

中国劳动社会保障出版社
中国人事出版社
出版发行

（北京市惠新东街1号　邮政编码：100029）

*

北京华联印刷有限公司印刷装订　　新华书店经销
787毫米×1092毫米　16开本　15.75印张　1插页　293千字
2019年9月第1版　2019年9月第1次印刷
定价：42.00元

读者服务部电话：（010）64929211/84209101/64921644
营销中心电话：（010）64962347
出版社网址：http://www.class.com.cn

版权专有　　侵权必究

如有印装差错，请与本社联系调换：（010）81211666
我社将与版权执法机关配合，大力打击盗印、销售和使用盗版图书活动，敬请广大读者协助举报，经查实将给予举报者奖励。
举报电话：（010）64954652

习近平对脱贫攻坚工作作出重要指示强调
咬定目标加油干
如期打赢脱贫攻坚战
李克强作出批示

在第五个国家扶贫日到来之际，中共中央总书记、国家主席、中央军委主席习近平对脱贫攻坚工作作出重要指示强调，改革开放的 40 年，是我国逐步消除贫困的 40 年。40 年的接续奋斗，让 7 亿多人口摆脱了贫困，创造了人类减贫史上的奇迹。现在，中华民族千百年来存在的绝对贫困问题，就要历史性地得到解决，脱贫攻坚进入最为关键的阶段。

习近平指出，行百里者半九十，越到紧要关头，越要坚定必胜的信念，越要有一鼓作气攻城拔寨的决心。只要各地区各部门切实担起责任、真抓实干，只要贫困地区广大干部群众继续奋发进取、埋头苦干，只要全党全国各族人民万众一心、咬定目标加油干，就一定能如期打赢脱贫攻坚这场硬仗。

中共中央政治局常委、国务院总理李克强作出批示指出，各地区各部门要以习近平新时代中国特色社会主义思想为指导，认真贯彻党中央、国务院决策部署，结合实施乡村振兴战略加大精准脱贫力度,特别要加强对深度贫困地区脱贫的支持,针对特殊贫困人口采取更有力的帮扶措施。严格资金监管,完善扶贫考核评估和督察巡查。把扶贫和扶志、扶智结合起来,更有效激发贫困地区贫困人口脱贫内生动力,确保完成今年再减少1 000万以上贫困人口的任务,确保到2020年我国现行标准下农村贫困人口实现脱贫,解决区域性整体贫困。

(来源:新华社北京2018年10月17日电)

中央领导同志与2018年全

国脱贫攻坚奖获奖者合影

前　言

消除贫困、改善民生、实现共同富裕，是社会主义的本质要求。党的十八大以来，以习近平同志为核心的党中央高度重视扶贫工作，把扶贫开发摆到更加突出的位置，全面打响脱贫攻坚战，大力推进精准扶贫、精准脱贫，脱贫攻坚取得重大决定性成就，显著改善了贫困地区和贫困群众生产生活条件，谱写了人类反贫困历史新篇章。

近年来，各地各部门认真贯彻落实习近平总书记关于扶贫工作的重要论述和党中央国务院脱贫攻坚决策部署，积极投身脱贫攻坚，做了大量扎实细致的工作，涌现出一大批先进典型。为树立脱贫攻坚榜样，引领社会风尚，营造浓厚氛围，凝聚精神动力，弘扬社会主义核心价值观，进一步动员社会各方面力量积极参与打赢脱贫攻坚战，实现全面建成小康社会的目标，经中央批准，国务院扶贫开发领导小组在"十三五"期间组织开展"全国脱贫攻坚奖"评选表彰活动，表彰为脱贫攻坚做出突出贡献的个人和单位。2016年评选出38名获奖者，2017年评选出40名获奖者，2018年评选出99名获奖先进个人和40个获奖先进单位。人力资源和社会保障部、国务院扶贫开发领导小组办公室连续三年授予6名在脱贫攻坚中表现突出的杰出人士"全国脱贫攻坚模范"荣誉称号，习近平总书记和李克强总理连续三年对全国脱贫攻坚奖表彰活动作出重要指示和批示。

将在脱贫攻坚中涌现出的典型模范、先进个人和单位事迹，以出版物形式记载下来,并通过这种形式讲好中国扶贫故事,宣传中国扶贫成就,展现新时代中国特色社会主义道路、理论、制度、文化自信,展现中国减贫模式和成效,不仅是对中国而且对世界减贫事业及全人类发展均具有重要意义。为此,国务院扶贫开发领导小组办公室组织力量,已将2016年、2017年全国脱贫攻坚模范和全国脱贫攻坚奖获奖个人的先进事迹汇编成书并出版发行。今年,又将2018年全国脱贫攻坚模范、全国脱贫攻坚奖获奖个人和单位的先进事迹汇编成书。希望通过本系列图书的出版发行,更好地宣传脱贫攻坚涌现的典型模范和先进事迹,以鼓舞和动员全社会进一步形成推进脱贫攻坚工作的强大合力,更加坚定我们打赢脱贫攻坚战、全面建成小康社会的信心和决心。

国务院扶贫开发领导小组办公室
2019年8月

脱贫攻坚先锋系列图书编辑委员会

主　任：刘永富

副主任：欧青平　洪天云　陈志刚　夏更生

编　委：海　波　陈武明　苏国霞　王光才　黄　艳
　　　　左常升　曲天军　王　军　许健民　黄承伟
　　　　陆春生　徐　晖　范　勇　张　斌

脱贫攻坚先锋系列图书编辑部

主　任：黄承伟

副主任：陈洪波　李富君　刘晓山　张梦欣　顾勇华
　　　　金　龄　冯　政

成　员：谭明智　吴国松　张　奕　刘　春　赵铭皓
　　　　施真菊

目　录

全国脱贫攻坚奖组织创新奖
（按行政区划排列）

承担国企社会责任　创新产业扶贫模式
北京首农供应链管理有限公司 / 3

实施城乡校际结对精准帮扶　探索山区教育扶贫实践模式
石家庄外国语教育集团 / 9

创新造林机制　助力脱贫攻坚
山西省吕梁市林业局 / 15

加强党的领导　突出精准细实　坚决打赢打好脱贫攻坚战
内蒙古自治区赤峰市林西县 / 21

发挥党支部作用　激发内生动力　脱贫攻坚取得阶段性成果
辽宁省葫芦岛市兴城市碱厂满族乡 / 27

发挥党建优势　引领脱贫攻坚工作
吉林省延边朝鲜族自治州安图县 / 33

创新管理服务机制手段　充分发挥驻村工作队脱贫攻坚生力军作用
中共黑龙江省委组织部组织二处 / 39

精准扶贫　我们在行动
上海广播电视台、上海文化广播影视集团有限公司东方卫视中心 / 45

先行先试　全面推进扶贫改革试验
浙江省丽水市云和县 / 49

光伏发电助脱贫　阳光收入暖民心
安徽省六安市金寨县 / 55

选强派优脱贫攻坚"领头雁"　为打赢脱贫攻坚战提供强力支撑
中共安徽省宿州市委组织部 / 59

更新观念　拓展思路　探索"定制茶园"造血式扶贫新路子
福建省宁德市寿宁县下党乡 / 65

不忘初心　感恩奋进　率先脱贫　共奔小康
江西省吉安市井冈山市 / 71

"四权分置"让扶贫资金资产循环利用起来
山东省临沂市扶贫开发领导小组办公室 / 77

干字当头　精准发力　积极探索稳定脱贫可持续发展新路
河南省开封市兰考县 / 83

聚焦因残致贫难题　创新精准扶贫模式
河南省驻马店市上蔡县 / 89

打造"旅游+"造血扶贫新模式　推动贫困地区和贫困户稳定脱贫
湖北省文化旅游投资集团有限公司党群工作部 / 95

一网搭建"爱心桥"　合力摘掉"贫困帽"
湖南省永州市江永县 / 101

粤桂协作添引擎　创业致富谱新篇
广西壮族自治区南宁市上林县 / 107

创新扶贫宣教思路　"志智双扶"见实效
海南省脱贫致富电视夜校工作推进小组办公室 / 113

创新六大机制　助推脱贫摘帽
四川省南充市南部县 / 119

土话土语讲出群众脱贫致富内生动力和发展力
贵州省毕节市黔西县 / 125

精细谋划兴产业　精准施策促脱贫
云南省昆明市寻甸回族彝族自治县 / 131

一跃千年奔小康
云南省怒江傈僳族自治州贡山独龙族怒族自治县独龙江乡 / 137

压实责任　精准施策　产业扶贫见成效
西藏自治区日喀则市亚东县脱贫攻坚指挥部 / 143

以新理念开辟健康扶贫的"镇巴路径"
陕西省汉中市镇巴县 / 149

牢记职责使命　创新方法举措　在打赢脱贫攻坚战中发挥主力军作用
陕西省延安市扶贫开发局 / 155

努力创新体制机制　加快脱贫攻坚步伐
甘肃省平凉市庄浪县 / 161

金融扶贫让老区盐池脱贫富民
宁夏回族自治区吴忠市盐池县 / 167

全心全意助力脱贫　齐心合力共奔小康
广东省对口支援新疆维吾尔自治区喀什地区前方指挥部 / 173

创新扶贫方式　发挥各方作用　助力和田皮山打赢脱贫攻坚战
安徽省对口支援新疆维吾尔自治区和田前方指挥部 / 179

履职尽责　砥砺奋进　为打赢脱贫攻坚战做贡献
新疆生产建设兵团医院 / 183

万企帮万村　精准扶贫见实效
全国工商联扶贫与社会服务部社会服务处 / 187

为抓党建促脱贫攻坚奋力担当作为
中共中央组织部组织二局一处 / 191

搭建"互联网+"社会扶贫有效可信平台　凝聚全社会力量参与精准帮扶
中国社会扶贫网 / 197

教育扶贫十五载　脱贫攻坚显成效
清华大学继续教育学院 / 203

充分发挥资本市场机制作用　服务国家脱贫攻坚战略
中国证券监督管理委员会扶贫办 / 209

创新思路方法　强化制度保障　决胜脱贫攻坚
国家开发银行扶贫金融事业部综合业务局政策与方法处 / 215

创新电力精准扶贫　展现央企责任担当
国家电网有限公司扶贫办农电处 / 221

勠力践行宗旨　造福藏族同胞
中国人民解放军第 302 医院肝胆外科二中心 / 227

后记 / 233

全国脱贫攻坚奖组织创新奖

QUANGUO TUOPIN GONGJIANJIANG
ZUZHI CHUANGXINJIANG

全国脱贫攻坚奖组织创新奖

北京首农供应链管理有限公司 在北京市委市政府的领导下，依托国有企业资源优势，与受援地区、北京市扶贫协作和支援合作办共同打造了"三方共赢、持续发展、产业孵化、精准到户、绩效考核、高效复制"这一具有北京特色的"京援"国有企业精准产业扶贫创新模式，创建了"北京市消费扶贫产业双创中心"。双创中心是受援地区展示展销特色农产品及双创要素和信息的汇集中心。同时，通过双创中心在受援地区，如青海玉树，由北京首农供应链管理有限公司与当地政府共同出资成立合资企业，作为受援地龙头企业对当地产业进行全产业链精准服务和扶持。该模式充分发挥北京国有企业资源优势，使首都各类资源要素"走出去"，将受援地区特色产品"引进来"，预计可带动建档立卡贫困户5万户，加快实现贫困地区群众精准脱贫、稳定脱贫。

承担国企社会责任　创新产业扶贫模式

2017年12月，北京首都农业集团有限公司、北京粮食集团有限责任公司、北京二商集团有限公司3家企业联合重组成立北京首农食品集团有限公司。2017年底，首农食品集团资产总额和营业收入双双超过千亿元大关。"首农"品牌以价值295.37亿元登上世界品牌实验室2017"中国500最具价值品牌"排行榜。首农食品集团在种业、养殖、加工、流通等领域处于行业领先地位，拥有良好资源。作为北京市大型国企及食品行业龙头企业，首农食品集团及其子公司一直主动参与北京市扶贫协作工作，心系受援地区贫困村、贫困户，注重发挥北京国企资源优势，积极承担国企社会责任，为北京扶贫协作事业增光添彩。其中，北京首农供应链管理有限公司（简称首农供应链）就是较为突出的一家。

首农供应链成立于2011年，是首农食品集团全资子公司，2017年实现营业收入14亿元，承担着构建全市农产品安全流通体系的重要任务。该公司在天津、大连、兰州的保税港区建有子企业，建立了集保税仓储、快速通关、农产品进出口贸易、物流配送等功能于一体的大型食品进出口流通基地，打造出一条食品进出口快速通道，形成了稳定可靠的进口食品供应源头产业链。同时，该公司为首农食品集团参与全市扶贫协作事业积极出力，做出了大量富有成效的工作。

2017年，北京市扶贫协作和支援合作办与首农食品集团深入对接，决定由首农供应链牵头，启动"北京市消费扶贫产业双创中心"项目，着力构建"京援——双创平台+合资创建龙头企业"的国企精准产业扶贫新模式。即在北京建设"北京市消费扶贫产业双

/ 首农供应链总经理与青海玉树藏族自治州政府代表签约成立合资公司

创中心",将其作为受援地区展示展销特色农产品及双创要素和信息的汇集中心。同时在受援地区——青海玉树,由首农供应链与当地政府共同出资成立的合资企业,作为受援地龙头企业对当地相关产业进行产前、产中、产后全产业链精准服务和扶持。该创新模式充分发挥北京国有企业资源优势,结合受援地区经济发展实际需求,让受援地区企业"走出来",到首都寻求自己急需的发展要素,保守估计可带动受援地区 5 万户建档立卡贫困户稳定脱贫,为北京市扶贫协作事业添砖加瓦。

打造展销平台,提升扶贫成效

2016—2017 年,北京市扶贫协作和支援合作办成功举办两届"北京市受援地区特色产品展销会",集中推介和销售受援地区名优特色产品,取得了良好效果,得到了受援地区政府、参展企业和社会各界的充分认可。因此,各受援地政府、参展企业迫切希望在首都建立一处常年固定的特色农产品展销场所,以巩固近年来积累的展销成果。

按照北京市领导指示精神,为进一步发挥首都市场优势、资本优势、产业资源优势和人才智力优势,北京市将以适当方式固化、完善"北京市受援地区特色产品展销会"形式,以使其在精准扶贫工作中发挥更大作用。在北京市扶贫协作和支援合作办的指导和支持下,首农供应链积极对接中国建设银行、首创集团、顺丰速运等企业,科学打造集线上线下展示展销、市场供需信息对接、商品营销推广、产业孵化培育等功能于一体的"北京市消费扶贫产业双创中心"。双创中心采用"1+3+N"的运营模式，即搭建一个展示展销体验推介平台，采用线上、线下、社会动员三种营销主体模式，引入N个双创资源要素进行对接孵化。该运营模式以创新发展理念驱动区域协同发展、协调发展，搭建线上线下展示展销体验推广平台、精准扶贫数据平台、精准扶贫成果展示平台、扶贫协作社会动员平台，全面打通扶贫产品生产、运输、包装、销售等全产业链，实现线上线下同步展示展销，广泛动员社会力量参与消费，从而带动贫困户增收脱贫。

  双创中心位于北京市丰台区草桥东路的首农食品经营中心大厦的一层和二层，总建筑面积约9 740平方米。其中，一层为LED信息发布大厅、中关村双创培训区、致富带头人培训区、双创要素对接平台、社会动员中心、双创中心扶贫成果展示区、科技研发"厨房"、有机特色农产品展示区，二层为新疆、西藏、青海、河北、内蒙古、湖北、河南7个省或自治区贫困县受援地区特色农产品展示展销和电商服务区。双创中心除具备以上功能外，首农食品经营中心大厦还可为双创中心提供相关配套设施租赁服务，主要包括临时促销活动区、临时展示区、洽谈区、露天广场活动区、办公区、贵宾厅、多功能厅、路演厅、会议室等。

  双创中心是北京市扶贫协作和支援合作办与首农食品集团携手共同贯彻落实习近平总书记关于扶贫工作的重要论述，深入动员社会力量参与脱贫攻坚伟大事业的生动实践。双创中心打造的受援地区扶贫特色农产品线上线下展销、精准扶贫特色产业双创新模式，将有效整合首都各类资源要素，充分发挥首都优势，聚焦小康、聚力扶贫，提高扶贫质量效益。同时，双创中心作为首都社会各界了解受援地区、参与支援合作与脱贫攻坚的有效平台，可更直接、更有效、更深入地促进北京与各受援地区的交流交往，为促进民族团结、全面脱贫、建成小康社会发挥重要推动作用。

组建龙头企业，增强脱贫动力

  为了解决受援地区经济落后、没有龙头企业引领，北京资源要素无法有效对接的问题，青海省玉树藏族自治州州政府、北京市扶贫协作和支援合作工作领导小组玉树指挥部与首农供应链本着"资源共享、优势互补、平等互利、合作共赢"的原则，决定由玉树藏族自治州政府与首农供应链共同出资成立青海首农玉树供应链发展有限公司，建立互利共赢、长期稳定的战略合作关系，构建大型国有企业精准产业扶贫新模式，努力引导北京市场、资本、产业和人才智力等优势资源向玉树等受援地区涌流。

  一是创新合资公司机制，服务扶持产业发展。由青海省玉树藏族自治州政府与首农供应链各出资500万元各占50%股份成立的合资公司，不以营利为目的，重在为玉树地区农牧业发展提供深层次服务。青海省玉树藏族自治州政府与北京市扶贫协作和支援

/ 北京市消费扶贫产业双创中心首农体验中心

合作工作领导小组玉树指挥部采购合资公司服务项目，北京市扶贫协作和支援合作办会同玉树指挥部共同监督考评合资公司服务质量。

二是借助双创中心平台，整合对接生产要素。在首农食品集团现有品牌、管理、技术和市场优势基础上，借助北京市消费扶贫产业双创中心平台，以合资公司为纽带，采取由青海省玉树藏族自治州政府与北京市扶贫协作和支援合作工作领导小组玉树指挥部购买服务的形式，为玉树提供全方位的农牧业发展要素对接服务，这些服务包括吸纳人才开展产业培训、建立标准进行技术对接等。例如，对当地支柱型产业——牦牛产业，在品种繁育、养殖技术、疾病预防等方面给予全产业链扶持，带动玉树地区建档立卡贫困户早日脱贫致富。

三是共同打造龙头企业，带动当地企业发展。合资公司对有发展潜力的当地特色产品企业进行品牌、技术、销售、智力等全方位扶持，培育玉树地区农业产业化龙头企业，以孵化带动一批中小农牧企业发展，从而达到产业精准扶贫的目的。

四是培育致富带头人，促进特色产业发展。根据玉树藏族自治州当地企业实际情况，通过合资公司，扶持受援地区中小微企业发展，并以受援地区贫困村创业致富带头人来京培训为契机，依托优惠政策支持，为受援地区企业引入管理、技术、智力等生产要素，为当地培育一批致富带头人，从根本上带动贫困村脱贫致富。

／北京市消费扶贫产业双创中心河南特产展销馆

／北京市消费扶贫产业双创中心青海特产展销馆

／北京市消费扶贫产业双创中心西藏特产展销馆

／北京市消费扶贫产业双创中心新疆特产展销馆

五是共享供应链发展平台，促进企业共同发展。以精准扶贫为目标，首农供应链协调首农食品集团内部资源，为玉树藏族自治州提供各类在京销售产品所需的检测、品牌背书、销售渠道等支持平台。同时，首农供应链还以天津、大连、兰州等港口食品进出口平台为依托，通过合资公司与玉树藏族自治州共享国际采购渠道，共同完成国内分销；共享国际销售渠道，把优质特色农产品打入国际市场。

创新扶贫模式，推广成熟经验

在北京市扶贫协作和支援合作办的指导和帮助下，首农供应链与受援地政府和企业共同打造了"三方共赢、持续发展，产业孵化、精准到户，绩效考核、高效复制"这一具有北京特色的"京援"产业扶贫创新模式。以大型国企为载体，将北京的市场优势、资本优势、产业资源优势和人才智力优势高效输入受援地，通过共同建立互利共赢、长期稳定的战略合作关系，更好地提升受援地区食品安全生产供应能力，着力打造受援地区精准扶贫产业，有效促进农牧民增收致富。

一是三方共赢、持续发展。"京援"产业扶贫新模式采取政府购买服务形式。双创中心和合资企业均以北京市扶贫协作和支援合作办与当地政府所委托的单位——首农供应链为项目运营主体，积极整合企业优质资源，确保项目正常运营，可持续发展。

二是产业孵化、精准到户。"京援"产业扶贫新模式立足受援地产业扶贫，通过双创中心和合资企业打造，促进当地企业及产业的发展。通过合资企业精准打造产业龙头企业，孵化当地优势产业。在产业发展的同时，通过当地企业用工、采购原材料等多种方式，直接带动建档立卡贫困户稳定增加收入、稳定脱贫，真正做到"授之以渔"，确保扶贫效果。

三是绩效考核、高效复制。"京援"扶贫新模式通过建立信息系统，一方面支持受援地有效向外部传递各类要素信息，积累数据并进行数据挖掘，以提高模式效率；另一方面便于对进入模式的各方进行有效绩效考核。"京援"扶贫新模式由首农供应链负责策划和运作，玉树合资公司已注册成立。这一新模式将很快在全国范围内进行复制、推广。

（照片拍摄：杜贞强）

/ 北京市消费扶贫产业双创中心外景

石家庄外国语教育集团 自 2014 年以来，制订"十年教育扶贫"计划，与石家庄市赞皇、行唐、灵寿、平山、井陉、元氏 6 个山区县（其中 4 个是国家级贫困县）12 所中小学校进行校际结对精准帮扶。4 年多来，通过实施"校长素质提升工程""教师素质提升工程""城乡学生手拉手工程"等九大工程，逐渐探索出一条适合山区学校又好又快发展的教育扶贫模式——"三三四模式"，即发挥三种优势、抓住三个关键、协同四种力量。在教育扶贫攻坚中牢牢抓住丰富校长办学思想、提升教师素质和促进学生健康成长这三个关键，精准发力，大幅度提高了山区学校的办学质量和社会影响力，用实际行动践行了"扶贫与扶智、扶志相结合"的扶贫攻坚理念。

实施城乡校际结对精准帮扶
探索山区教育扶贫实践模式

石家庄外国语教育集团（简称石外集团）由石家庄外国语学校、石家庄第二外国语学校、石家庄外国语小学、石家庄外国语幼儿园组成，是河北省以外语为特色的优质教育品牌。自 1994 年建校至今 20 多年来，曾获全国文明单位、全国首届文明校园、全国教育系统先进集体、全国未成年人思想道德建设工作先进单位等荣誉。

石外集团认真学习贯彻习近平总书记关于扶贫工作的重要论述，2014 年在总结 20 年办学经验、规划学校未来发展方向时，在石外集团主要领导提出的"大家好才是真好"的办学思想引领下，积极履行社会责任，主动与石家庄市的国家级贫困县赞皇、行唐、灵寿、平山和河北省级贫困县井陉、元氏共 6 个山区县 12 所中小学校进行校际结对精准帮扶，积极探索教育精准扶贫的新模式——"三三四模式"，即发挥三种优势、抓住三个关键、协同四种力量，让"发展教育脱贫一批"的要求真正成为贫困山区拔穷根脱贫致富的实际行动。

发挥三种优势，主动担当教育扶贫的社会责任

一是发挥优质学校优势，实施校际结对帮扶，主动将学校发展融入教育扶贫大业。石外集团将教育扶贫重笔写入第三个十年发展规划（2014—2024 年）中，并明确从 2014 年 4 月起，将石家庄市 6 个山区县的 12 所中小学校纳入集团统一管理。此举将

/ 校长素质提升工程：石外集团组织山区学校校长开展学校文化建设培训

覆盖6个县31个乡镇700个村的17 903名山区学生。石外集团与山区12所中小学校建立"手拉手、面对面、订单式、紧密型、全方位、常态化、长期性、有目标"的城乡校际结对精准帮扶共同体，制订了十年帮扶计划（2014—2024年）。这是石外集团主动担当社会责任，将学校发展融入国家脱贫攻坚行动，自觉加入脱贫攻坚行列，成为新时代教育精准扶贫志愿者的自觉担当。这也是石外集团将山区学校的发展目标与优质学校自身发展目标融为一体，带动山区学校快速发展，走出一条优质学校在新时代引领中国教育内涵质量发展道路的有益探索。

二是发挥文明校园优势，引领山区学校文化，激发师生教育脱贫的内生动力。石外集团20多年办学形成的"以人为本"的学校文化和"创新人才培养模式整体改革"的素质教育成果是创建全国文明单位、全国首届文明校园、全国未成年人思想道德建设先进单位的突出亮点。石外集团在教育扶贫中坚持把文明单位和文明校园作为辐射源，发挥"传帮带"作用，在制订十年帮扶计划目标时，把带领山区12所中小学校创建文明单位、文明校园作为帮扶目标和考核标准之一。石外集团引领12所中小学校的文化建设，通过集中培训、外出考察、实地诊断、展示交流等方式，使12所中小学校的文化建设从无到有、从形式到内涵，发生了深刻变化，激发了山区学校师生的内生动力。

三是发挥开放办学优势，打开国际视野，将山区教育扶贫融入全球基础教育发展潮流。石外集团始终坚持开放办学，先后与世界21个国家和地区的168所学校建立友好校际关系，每年友好学校师生互访交流近千人。石外集团将丰富的国际资源向12所山区学校开放，4年来山区学校的校长和教师有500多人次到集团聆听了145位国外校长的专题报告。此外，石外集团还安排山区学校接待石外集团国外友好学校师生的来访活动，开阔山区学校师生的国际视野，4年来山区学校累计接待国外友好学校师生575人次。

/ 教师素质提升工程：石外集团组织山区学校教师开展暑期全员培训

抓住三个关键，全面实施教育精准扶贫

关键一，提升校长素质是教育扶贫的重点。山区学校的教育质量关键在校长，人们常说"有一个好校长就有一所好学校"。在教育扶贫中，石外集团先后组织专家对山区学校校长和管理干部累计开展培训882人次；组织山区学校校长进行国内外学校考察学习累计91人次；接收山区学校22名副校长或主任到石外集团挂职锻炼；派石外集团干部到山区学校调研指导428人次，指导山区学校修改完善学校办学章程，建立健全教育、教学、教师、学生、后勤等10类管理制度164项。4年来，山区学校中已有2所学校被评为河北省教育系统先进集体、1所学校被评为河北省依法治校示范校、3所学校被评为石家庄市文明校园和石家庄市平安和谐校园、4所学校被评为石家庄市教育国际交流先进单位。此外，这些山区学校还获得了石家庄市现代化学校、石家庄市5A级心理健康教育示范学校、石家庄市校园文化建设示范校等35项荣誉称号。

关键二，提升教师素质是教育扶贫的根本。山区学校的持续发展需要一支政治素质高、业务能力强、有扎根山区教育情怀的教师队伍。石外集团每学期指导山区学校举行"爱教育、爱学校、爱学生"的三爱教师事迹报告会，先后涌现出41名"三爱精神"标兵；每年暑假组织山区教师参加集中培训，累计培训2 961人次，累计总课时14.33万节；制订了山区学校"百名种子教师"培养计划，精心挑选140名山区种子教师与

/ 教师素质提升工程：石外集团教师支教结束后指导山区教师教研

/ 不出校门放眼世界工程：石外集团组织丹麦高中学生到平山北冶小学交流访问

石外集团的名师建立"一对一"同伴互助模式；石外集团骨干教师到山区学校送课累计1 537人次，山区教师到石外集团观摩学习累计2 678人次，总行程累计13.33万公里。4年来，山区学校有120多名教师在县级以及以上优质课评比中获奖，110名教师获得县级以及以上骨干教师、名师称号。平山二中、元氏七中和井陉县障城中学成为县域的教研基地，山区学校教学成绩普遍大幅度提升，大批山区贫困学生通过优异的成绩考上重点高中和职业高中，带着脱贫的梦想走出大山。

关键三，学生立志脱贫、做时代新人是教育扶贫的目的。山区学校实现教育脱贫的出发点和落脚点是学生。石外集团坚守"立德树人"的根本，组织开展城乡学生"手拉手·共成长"系列活动：在读书节、健康节、艺术节等校园活动中邀请山区学生体验城市校园生活累计1 980人次；每年暑假组织石外集团学生到山区贫困家庭体验生活累计2 665人次；每年组织优秀高中生到山区学校开展励志"阳光小讲台"志愿支教活动累计438人次；指导6所中学编写励志教材，激励莘莘学子立志走上人生成功之路。

协同四种力量，积极创建教育扶贫新机制

石外集团的山区教育扶贫是民间自发组织的、社会广泛参与的志愿扶贫行动。山区教育扶贫需要大量的人力、物力、财力以及政策的支持，石外集团协同学校内外的四种力量，积极创建学校全员参与、社会广泛支持、科研课题引领、代表委员助力的教育扶贫新机制。

一是学校全员参与。山区教育扶贫是一项长期性的系统工程，需要顶层设计，用组织力量整体推动。从山区教育扶贫的长期性和连续性出发，石外集团制订了十年长期帮扶计划，通过前期深入调研，科学诊断山区贫困和教育发展落后的根源，准确评估自身的资源优势，提出"人的能力建设"是教育扶贫的根本，规划设计并实施了以山区学校校长、教师、学生能力建设为主的"九大帮扶工程"，即校长素质提升工程、教师素质

提升工程、同步教学工程、教育教学改革工程、"阳光小讲台"工程、城乡学生"手拉手·共成长"工程、职业规划脱贫工程、山区学生"不出校门放眼世界"工程、爱心助学捐赠工程，建构了立体化、全方位的山区学校帮扶体系。

这样一个具有长期性、系统性、全面性特色的教育帮扶体系，正是石外集团为全集团党员、干部、教师、学生以及学生家长搭建的全员参与志愿支教的平台。志愿者精神成为石外集团山区教育帮扶的不竭动力，石外集团的近千名干部和教师几乎都有山区支教的经历，418名党员干部、党员教师建立了"1+1+1"帮扶模式，即一名党员带领一个家庭帮扶一名贫困学生，4 645个学生家庭参与了城乡学生互体验活动，在活动中广大家长发挥了积极作用。4年来，石外师生、家长还为山区学校捐赠图书20.11万册，为山区学生捐赠校服2万多套。

二是社会广泛支持。山区教育扶贫离不开社会的广泛支持。2016年石外集团成立了河北省石家庄外国语教育集团教育扶贫基金会，协同社会各方力量支持山区教育扶贫，基金会累计接收200多家爱心企业的1 900万元捐款。石外集团建立了一系列促进山区教师专业成长的激励机制，设立了山区学校教师培训奖、优秀论文奖、优秀种子教师奖、三爱教育标兵奖、教学成果奖，累计支出各类奖励和购置教学设备、文体活动器材等共计594万元。联合河北省共同行动助学基金会，建立学生健康成长奖励机制，资助6所山区中学624名贫困学生，每人每月发放生活费补贴150～300元。石外集团还协同国家、省、市等新闻媒体对山区教育扶贫予以深度关注并进行持续报道，媒体先后宣传报道149次。

三是科研课题引领。石外集团在教育扶贫上的创新之举就是坚持以问题为导向，用课题方式研究解决教育扶贫中遇到的问题。2016年由集团主要领导牵头主持的《城乡教育均衡发展中山区教育扶贫实践模式研究》课题被列入全国教育科学"十三五"规划课题（项目批准号BHA160153）。2016年11月开题时，与会评议专家在听取了开题报告后，一致给予高度评价。一方面，课题具有强烈的时代性和较高的政策价值。在我国已经进入2020年全面建成小康社会的关键时期，脱贫攻坚成为全社会重大任务的社会背景下，该课题聚焦教育扶贫的实践模式探索，意义重大，针对性强，彰显了课题组的社会责任感和使命感，有利于进一步探索和丰富教育扶贫的中国道路，对于推动市域、省域内义务教育均衡发展具有较强的示范性和引领性作用。另一方面，课题设计思路清晰，方法适用性较高。课题对教育扶贫工作有较系统的考虑，坚持行动过程和研究过程相统一，从机制建设、校长素质提升、教师素质提升、学生健康成长4个维度开展研究，重点突出，结构合理，操作性强。课题在注重文献研究的同时，将行动研究、个案研究作为主要的研究方式，这有助于具体、深层次地把握和揭示山区教育扶贫过程中存在的需求、困难和问题，开展精准教育扶贫，促进帮扶对象的活力再生与可持续发展。

/ 阳光小讲台工程：石外集团优秀高中保送生走进山区学校课堂

四是代表委员助力。石外集团的教育扶贫始终得到省、市人大代表和政协委员的大力支持，石外集团多次通过代表建议和议案的方式推动山区教育帮扶工作。比如，针对山区学校使用的教材版本与石外集团不一致，同步教学无法顺利实施，帮扶效果大打折扣的情况，石外集团提出了《关于统一石家庄市中小学与山区六县教科书版本的建议》。在石家庄市人大的督办下，河北省教育厅、石家庄市教育局多次牵头讨论研究该建议并有望落实。2016年石外集团提出了《关于对石家庄市山区教育扶贫项目学校实施精准帮扶的建议》，石家庄市教育局对此高度重视，专门研究印发了《石家庄市山区教育扶贫工程精准帮扶行动实施方案》，通过建立市区优质中小学与山区82所学校"一对一"结对帮扶关系，打通教育精准扶贫的快速通道，促进全市城乡义务教育均衡发展。

4年来，石外集团的山区教育扶贫以点带面，辐射带动了整个县域教育的发展。在石家庄市这6个山区县，石外集团帮扶的小学和初中已经逐渐成为当地教育的旗帜，这些学校又对县域内的其他学校展开帮扶带动，实现了"大家好才是真好"的帮扶思想传递，形成了区域连片帮扶。2016年10月，教育部基础教育司领导在听取石外集团的教育扶贫汇报并到井陉县障城中学实地调研后，给予高度评价："方向正确、目标明确、措施有力、成效显著、精神可贵。"2017年，石外集团的教育扶贫模式获评实践类"明远教育奖"。2018年5月，河北省文明办和石家庄市文明委召开"履行社会责任，实施教育扶贫"座谈会，总结推广石外集团教育扶贫典型经验。石外集团的教育扶贫模式已经在河北省石家庄市、承德市和云南省芒市得到复制和推广，越来越多的山区贫困学校与石外集团携手同行，共创教育脱贫大业。

（照片拍摄：王沫）

山西省吕梁市林业局 根据吕梁干旱少雨、多山少绿，生态脆弱与深度贫困相互交织、互为因果的情况，因地制宜，大胆创新，同时打响脱贫攻坚、生态治理"两个攻坚战"，用生动实践证明了"绿水青山就是金山银山"。2015年探索购买式造林的生态建设新途径，2016年把购买式造林延伸到扶贫攻坚专业合作社造林，把建设绿水青山的过程真正变成了群众增收脱贫的过程，让造林合作社从造林、营林逐步参与到管护、提质增效和育苗等方面。同时，探索进行以林地经营权、退耕还林地经营权、财政补助资金等入股林业新型经营主体试点，组织贫困户参与林业产业化，带动3.6万人稳定脱贫。

创新造林机制　助力脱贫攻坚

吕梁市是全国集中连片特困区，干旱少雨、多山少绿，生态脆弱与深度贫困相互交织、互为因果，面临生态建设和脱贫攻坚双重压力。2016年底，吕梁市还有贫困人口31.58万人，贫困发生率9.81%，全市森林覆盖率26.45%。吕梁市委市政府坚持脱贫攻坚统揽经济社会发展全局，以习近平总书记"绿水青山就是金山银山"思想为指引，实施太行吕梁重大生态修复工程，组织深度贫困攻坚，以实现生态环境修复和持续稳定脱贫双赢。吕梁市林业局（简称市林业局）坚决落实市委市政府在一个战场打赢生态治理和脱贫攻坚"两个攻坚战"的决策部署，努力把恢复生态的过程变成农民增收的过程、发展观念不断进步的过程、人与自然的关系趋向和谐的过程，奋力实现生态有效改善、贫困人口稳定脱贫的目标。

在实践中创新思路，购买式造林破解建设难题

吕梁市岚县缺林少绿，生态脆弱，是吕梁山生态脆弱区重点建设县，有30万亩宜林地需要治理，而同时县域内3.8亿株优质苗木滞销。基于岚县宜林荒山多、贫困劳动力多、积存苗木多的实际情况，2015年在山西省直部门的大力指导下，市林业局确定以岚县为试点区域，大胆探索购买式造林的生态建设新途径。

"购买式造林"就是通过政府购买社会服务，调动社会力量参与植树造林，实现政府主导与市场配置资源有机结合的一种造林方式。此举，极小地调整了生产关系，极

/ 吕梁市岚县昌宏扶贫攻坚造林合作社社员

大地促进了生产力,大大提高了造林绿化的效率和质量。在岚县试点先行的基础上,市林业局多方论证,调研摸底,进一步完善了购买式造林管理办法,即由林业部门制定造林规划和标准并提供相关服务,先由农民自主造林,经相关部门组织验收合格后,再由政府购买或者市场交易变现,造林者获得经济效益,社会获得生态效益。这种1年造林、2~3年成活后政府购买验收合格林地的方式,既缓解了前两年政府资金紧张的矛盾,又培养了一批专业的造林队伍和带头人,让群众尝到了造林的甜头。购买式造林的实践,破解了吕梁市多年来生态建设的一大难题。

在探索中迎难而上,合作社造林激发内生动力

购买式造林为吕梁打造了一条生态建设的新途径,而如何让生态建设与脱贫攻坚更紧密地结合在一起,成为市林业局重点思考的难题。购买式造林刚开始是由专业施工队承揽,贫困户并没有享受到国家生态建设政策的红利。2016年,市林业局与市扶贫办共同研究探索,提出了创办扶贫攻坚造林合作社的初步想法,即由专业公司负责指导,组织建档立卡贫困户组建造林专业合作社承揽造林任务。

市林业局致力于将生态治理与扶贫攻坚结合起来的创新改革,把购买式造林延伸到扶贫攻坚专业合作社造林。2016年,在总结购买式造林成功经验和做法的基础上,市林业局在岚县正式启动了扶贫造林合作社工作。当年,岚县成立了47个扶贫攻坚造林专业合作社,吸纳有劳动能力的贫困户入社参与造林,变以往的专业队造林为合作社造林,变招标为议标,优先安排本乡镇本村吸纳贫困户多的合作社承担造林任务,此举既简化了程序又提高了效率。2016年岚县3.3万亩造林任务全部由扶贫造林专业合作社承接完成,覆盖贫困人口2 757人,人均增收2 000元。

通过合作社造林试行机制,既调整了生产关系,又解放了生产力,使造林工程中每一个环节都与贫困户相连,变以往的过程管理为结果管理,变"要我造林"为"我要造林",破解了过去造林主体单一、贫困群众参与度不高的难题,把建设绿水青山的过程真正变成了群众增收脱贫的过程。

在实施中强化管理，完善机制保障各方利益

在总结提升岚县经验的基础上，市林业局制定了《关于推进扶贫攻坚造林专业合作社规范运行促进生态扶贫的意见》，重点从五个环节加强管理，在全市范围内大力推广合作社造林机制。

一是在合作社组建上，由农经、林业、扶贫、工商等有关部门统一组织协调，规定领办人和入社社员标准，社员数量不得低于20人，建档立卡贫困户必须占60%以上。截至2018年6月，吕梁市共组建了造林专业合作社1 121个，吸纳社员28 141人，其中贫困社员20 592人，占社员总数的73%，实现了生态建设重点区域贫困村造林合作社全覆盖。

二是在工程承揽上，贫困县承揽的造林任务全部采用议标方式，由乡镇统一组织，优先安排本村本乡镇合作社承揽。2017年，吕梁市有956个合作社通过议标承担造林任务96.3万亩，涉及贫困社员1.96万人。

三是在收益分配上，坚持初次分配保证贫困户收益，二次分配兼顾各方利益的原则，建立完善收益分配机制。规定造林项目总投入的45%以上用于劳务支出，贫困社员劳务支出达到总劳务支出的60%以上，贫困社员年收入不低于6 000元。合作社年度利润的60%再按社员投劳情况分红，40%按社员入股比例分红。

四是在资金保障上，除国家、省每亩造林给予800元补贴外，实行由县政府担保和贴息，支持社员通过小额信贷带资入社，并给予5%的收益，提升合作社资金保障能力。

五是在工程质量管理上，2017年市林业局共举办12批次培训班，对全市2 880名合作社领办人、技术负责人、财务人员进行了集中培训。同时，市林业局建立了技术包联制度，由市、县两级林业部门组织技术人员开展造林全过程跟踪指导。

/ 吕梁市离石区田家会"三北防护林"项目区

/ 吕梁生态治理区

在推进中取得实效,不断拓展生态脱贫新领域

在购买式造林、合作社造林成功的基础上,市林业局进一步拓展生态脱贫路径,让造林合作社从造林、营林逐步参与到管护、提质增效、育苗等方面,同时探索林业资源"三变"改革,打造综合性生态就业脱贫增收新模式。

市林业局积极推进"合作社+贫困户"生态就业脱贫增收实践,让更多有劳动能力的贫困人口实现生态就业,获得苗木收入、植树务工收入、营林管护收入、退耕还林补助收入、生态补偿收入,实现增绿与增收双赢。2017年全市完成营造林105.78万亩,占山西省400万亩任务的26.4%。市林业局统筹推进退耕奖补、造林务工、管护就业和经济林产业增收四大生态扶贫项目。2017年,吕梁市完成退耕还林81.03万亩,有3.3万贫困户、10.1万贫困人口享受到政策红利;有956个合作社通过议标承担造林任务96.3万亩,涉及1.96万贫困社员,人均增收6 000元以上;利用生态补偿和

/ 吕梁市兴县奥家湾高速公路通道绿化项目治理区

生态保护资金，落实森林管护面积1 400万亩，选聘建档立卡贫困管护员4 896人，人均年工资7 000多元；发展以油用牡丹、连翘、沙棘为主的特色经济林20万亩，完成干果经济林提质增效46.36万亩。依靠这四大生态扶贫项目，吕梁市共有3.6万人实现了稳定脱贫。

市林业局积极探索以林地经营权、退耕还林地经营权、财政补助资金等入股林业新型经营主体试点，使土地的所有权、承包权、经营权"三权分置"，让"资源变资产、资金变股金、农民变股民"，实现了"三权"促"三变"，使资源激活、产业发展、农民增收、荒山增绿、集体经济"破零"，把贫困户组织到林业产业化发展的过程中来。

同时，市林业局把生态建设和易地扶贫搬迁、光伏扶贫有机结合起来，在易地扶贫迁出村大力实施造林绿化，发展"光伏＋经济林＋林下经济＋乡村旅游"的综合性生态脱贫增收模式。

在奋进中得到肯定，先进经验模式向全国推广

购买式造林的成功实践，得到了国家领导和山西省相关领导的认可，也得到了各级新闻媒体的高度关注，中央电视台、新华社、《人民日报》等多家媒体进行宣传报道，在国内形成了较大影响。2017年9月25日，全国林业生态扶贫现场观摩会在吕梁召开，向全国推广吕梁市的生态扶贫经验。

成绩来之不易，经验弥足珍贵，市林业局表示，要长期坚持、不断深化，要以更加有力的举措、更加务实的行动、更加扎实的成效，深入实施"三个全部"计划，即用三年时间让330万亩宜林荒山荒坡全部绿起来、230万亩25度以上陡坡耕地全部退下来、793个深度贫困自然村村民全部搬出来，实现人退绿进、村出林入。重点实施"五大增收工程"，即退耕还林增收工程，完成退耕还林138.7万亩；造林务工增收工程，完成荒山造林100万亩；森林管护就业增收工程，新造林地和幼林抚育等生态护林员岗位全部落实到建档立卡贫困户；经济林提质增效增收工程，完成红枣、核桃林提质增效100万亩；特色经济林增收工程，挖掘生态产业潜力，培育现代功能性林产品，发展以沙棘、油用牡丹、单季槐为主的特色经济林50万亩。

今后，市林业局将继续认真践行"绿水青山就是金山银山"理念，不断探索完善生态脱贫新机制，坚决打赢脱贫攻坚和生态治理"两个攻坚战"。

（照片提供：许奋明）

吕梁市临县李家湾退耕还林项目区

内蒙古自治区赤峰市林西县 是国家级贫困县,县委县政府坚持以脱贫攻坚统揽经济社会发展全局,将脱贫攻坚纳入乡村振兴规划全盘考虑、统筹推进。坚持党建引领,提出"1+20"政策支撑体系。通过"六项机制""悬冠激励"选派过硬干部驻村。跨行业、跨地域与镇村组建"党建联合体",实现"以强带弱、抱团发展、资源共享、合作共赢、引领脱贫"。发展"甜菜、生猪、金鸡、中草药、野果"5种全产业链扶贫产业。通过"易地搬迁+"解决搬迁人口稳定脱贫问题。实施健康扶贫工程,重点突破三个制约瓶颈。设立"孝扶共助"基金,将丧失劳动能力的贫困人口全部纳入低保五保救助范围。林西县贫困发生率由2014年的10.9%降至2018年的1.64%,成为内蒙古自治区首个脱贫摘帽县。

加强党的领导 突出精准细实
坚决打赢打好脱贫攻坚战

赤峰市林西县位于内蒙古自治区东南部,1986年被列入国家级贫困县名单。近年来,林西县认真贯彻落实中央关于精准扶贫、精准脱贫的各项决策部署,把脱贫攻坚作为首要政治任务、头号民生工程,不搞花拳绣腿,不做表面文章,靠加强党的领导和实打实干,贫困发生率由2014年的10.9%降至2018年的1.64%,成为内蒙古自治区首个脱贫摘帽的国家级贫困县。

紧紧围绕脱贫目标,突出难点发力

实现不愁吃、不愁穿和保障义务教育相对容易,保障基本医疗和住房安全是难点和关键。

一方面,针对因病致贫比例过高、健康扶贫政策难以持续的问题,实施"1351"健康扶贫工程,重点突破三个制约瓶颈。一是创新融资模式,解决资金保障问题。设立医疗保障基金,撬动商业保险、大病保险,整合民政及社会救助资金,减轻财政负担,将部分产业基金收益充实到健康扶贫资金池中,保证了政策的可持续性。二是创新管理模式,解决过度诊疗问题。实施单病种限费和162种临床路径,严把资金使用关,有效控制了不合理医疗支出,避免了过度治疗。三是创新服务模式,解决资源紧张问题。推行分级诊疗,对建档立卡贫困人口实行签约医生、家庭服务全覆盖,实行定期体检和上门巡诊制度,根据贫困户的健康信息确定治疗方式,确保小病在乡村、大病不出县、康复回基层。

另一方面,针对住房保障项目资金分散、易地扶贫搬迁为搬而搬的问题,重点创新实现三个搬迁目标。一是整合资金"拔穷根"。坚持以规划带动项目、以项目整合资金,将农村危房改造、易地扶贫搬迁、生态移民、幸福互助院等项目集中整合,打捆使用资金,解决部分扶贫项目"资"出多门问题,最大限度地发挥了项目资金的聚合效应。二是尊重民意"换穷貌"。以安置区域群众满意为前提,合理选择搬迁地块,切实做到"五不选""六靠拢",采取整村搬迁、"拔萝卜"式安置等方式,引导群众自主选择向产业园区集中、向中心城区和镇区集聚。三是因地制宜"改穷业"。创新养老互助和产业扶助模式,对有劳动能力的贫困人口,实施"易地搬迁+光伏、设施农业、产业园区、养殖、旅游"模式,通过易地搬迁与产业发展相融合,实现搬得出、留得住、能致富。对鳏寡孤独、老弱病残或无人照料的贫困老人,采取养老互助、集中供养、抱团取暖的方式,建设幸福互助院30处,安置539户807人,实现了户户有依靠、人人有保障。

紧紧围绕精准细实,突出机制创新

好的工作机制能够促进形成领导领着干、干部主动干、群众跟着干的局面。

一是创新责任机制,使干部动起来。推行四套班子主要负责同志和县委常委包联乡镇、处级领导、县直部门、重点企业包村,党员干部帮扶贫困户,工作队驻村工作的

/ 林西县新城子镇英桃英河村易地搬迁新村新貌

"四级联动"包帮工作机制,实现每个村都有1支驻村工作队、1名下派"第一书记",每户贫困户都有1名党员干部帮扶。工作好同受表扬,工作不好同受通报。

二是创新管理考核机制,使工作规范起来。制定脱贫攻坚工作下乡驻村工作队日常管理与考评办法,配套建立"六项机制",形成"一述职、两测评、四联考"考评体系,推行"日考勤(钉钉)、周记录、月考绩、季通报"制度,使驻村工作队的工作进一步规范。

三是建立激励机制,使干部的精神提振起来。坚持脱贫战场"论英雄",预留20个科级岗位,实行"悬冠激励"。

紧紧围绕稳定增收,突出产业带动

把产业作为脱贫之基。

一是以带贫减贫为目的和前置条件,加大对龙头企业的招商引资力度和对市场效益好、带动能力强的龙头企业、合作组织的扶持力度,培育了佰惠生,引进了正邦、德青源、恒光大、天拜山4家龙头企业,树起了"甜菜、生猪、金鸡、中草药、野果"5种产业。引导鼓励贫困人口以土地、资金、资产等要素入股参与企业产业化经营,使贫困户在产业发展中获得生产性、财产性、劳务性和资产性四方面收入,形成了"1+4+5"产业扶贫模式。

二是下力气整合涉农资金、扶贫资金和社会帮扶资金,在与帮扶部门做好沟通的基础上定点投放,解决涉农资金、扶贫资金和社会帮扶资金"撒芝麻盐""堆盆景"和"垒大户"等问题,集中力量培育大产业、好产业。比如德青源"金鸡扶贫"项目,通过整合涉农和扶贫资金,按照企业要求,建设厂房形成固定资产后再租赁给企业,每年按照固定资产的10%收取租金,除了偿还银行贷款本息和增加重点贫困村集体经济收

/ 林西县德青源金鸡扶贫项目养鸡场

入外,还可滚动发展其他产业。同时,运行项目创建"379"利益联结机制,使贫困人口在项目建设和营运中的参与比例、企业提供的由专业合作社承接的商业订单参与比例、项目租金的分配用于贫困人口的比例分别达到30%、70%、90%以上。

三是以增加贫困人口和老弱劳动力收入为目的,制定实施《林西县"十三五"农牧业产业扶持政策》,县财政投入产业奖补资金3.3亿元,撬动金融资本17亿元,谋划8个农牧主导产业,同时建成18个脱贫产业园区,使有劳动能力和弱劳力的贫困人口变背井离乡求职谋生为守家在地增收致富。

紧紧围绕激发内力,突出智志双扶

注重扶贫同扶智和扶志相结合,激发贫困群众脱贫致富内在活力,提高贫困群众自我发展能力。

一是以村为单位成立扶贫理事会提供公益岗位。对扶贫理事会设置的治安巡逻、环境保洁、树木看护、群众纠纷调解等12类公益岗位,按照定岗、定责、定期,评比、评分、评议的"三定三评"原则,进行工作状况和质量评定,各岗位的贫困人口根据岗效实绩,人均年增收500~3 000元。这既激发了贫困群众的内生动力,又实现了扶贫工作与乡村环境治理的有机结合。

二是增强贫困人口自力更生意识。提倡劳有所获、多劳多得,通过采取生产奖补、劳务补助等方式,鼓励引导贫困人口通过主动参与生产经营、就业打工、家门口公益岗安置等形式获得稳定收入。比如,采用投入财政资金和财政资金收益分配方式,在全县范围内设置农村绿化保洁等农村公益岗位1 845个,让贫困人口守着家门就能获得岗位工资。再比如,贫困人口通过帮扶人员的帮扶,在家发展"五小产业"或者参与到产业链中,让贫困人口守着家门就能增收致富。

三是引导风尚提倡共济自强。拿出一部分财政资金收益,设立乡风文明建设奖补资金,用于奖励勤劳致富、崇尚文明、尊贤和睦、公德孝道、守岗敬业的典型,激励形成良好社会风尚。

四是实施"孝扶共助"工程。由乡镇党委政府发起,利用县直驻村工作队成员和镇村干部捐款、辖区企事业单位捐助、社会爱心人士捐赠和政府节支资金补充4种资金来源方式，设立"孝扶共助"基金，60周岁以上的建档立卡贫困人口，在子女自愿参与、签订承诺书并主动认缴赡养金后可享受"孝扶共助"政策，每年可增加1 200～2 000元不等的收入。这既促进了贫困人口子女尽到孝敬和赡养义务，又避免了将养老责任全部推向政府。

五是建立扶贫爱心超市。以各种捐助为资源、超市运作为模式，村"两委"班子配合第一书记、驻村工作队对贫困户日常表现进行打分，贫困户凭借积分可以免费兑换日常生活用品，以激发贫困人口内生动力，避免"等靠要"。

六是加强实用技能培训。为提升发展能力，重点对贫困户进行实用技术类培训，开设培训班52期，培训贫困劳动力1 780人次。另外，构建了由政府相关部门、社会团体、电商龙头企业为主体的电商扶贫人才培训体系，累计培训建档立卡贫困人员1 557人。

紧紧围绕合力攻坚，突出党建引领

充分发挥党建作用，将党的领导贯穿顶层设计、政策落实、队伍选派、责任落实、组织发动全过程。

一是推广党建融合发展模式。围绕脱贫攻坚，整合乡（镇）村、机关、企业等党组织资源，建立非建制性党组织或党组织联合体，通过贫富联合、强弱结合、大小组合，实现"以强带弱、抱团发展、资源共享、合作共赢、引领脱贫"。比如，通过融合乡（镇）村、机关、合作社等22个党组织共建的林西县新城子镇九佛山"野果富民"联合党委，坚持以强带弱、以大带小，在与依托发展野果产业实现致富的七合堂村毗邻、地形相似、生态条件相同的4个村开展党组织融合共建后，带动发展野果林12 000亩，辐射带动受益人口9 800余人。

二是强化组织领导。成立党政主要领

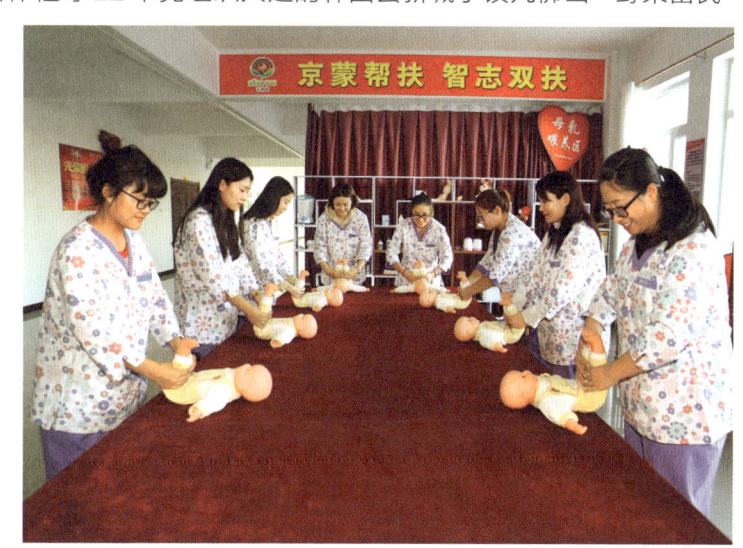

/ 林西县贫困人口就业创业中心培训月嫂

/ 林西县七合堂村高效经济林喜获丰收

导任双组长的扶贫开发领导小组,设立脱贫攻坚指挥部,下设 1 个综合统筹协调组、16 个专项推进小组;建立"1+20"精准扶贫政策支撑体系,为各地区、各部门和工作队推动脱贫攻坚指思路、明方向、给抓手。

三是把夯实农村基层党组织建设同脱贫攻坚有机结合起来。立足脱贫需要,把握换届契机,将 37 名实绩突出、群众认可的优秀年轻干部选派到乡镇党政班子任职。

四是坚持在脱贫一线考察识别干部,并把脱贫攻坚实绩作为选拔任用干部的重要依据,累计提拔使用驻村第一书记和工作队员 26 名,占新提拔干部总数的 62%。

五是加强督查问责。对工作中不作为、慢作为,有令不行、有禁不止的单位和个人及时进行问责处理。两年来,取消后备干部资格 3 人,问责 7 人,通报帮扶单位 4 个,约谈 2 人次,对不负责任的"条管"单位向其上级主管部门通报 3 次,推动形成有效扶贫合力。

(照片拍摄:李永峰 潘福林)

辽宁省葫芦岛市兴城市碱厂满族乡 围绕如期实现精准脱贫目标,强化主体责任,发挥党支部带动作用,激发内生动力,脱贫攻坚取得阶段性成果。坚持党建统领,探索"党支部+村集体经济+贫困户入股""党支部+合作社+基地+贫困户"和"集中建设+统一经营+贫困户承租合作"三种模式,因村因户施策,确保村村有特色产业,户户有增收项目。发挥当地产业优势创办贫困户入股的村集体泳装厂,发展村集体经济,实现了"一人入厂全家脱贫、一厂入村整村脱贫"的良好效果。凝聚社会力量,形成"产业带动、项目牵动、群众互动"的扶贫格局,花生产业、红南果梨产业、干果产业、泳装产业、庭院养殖产业、乡村旅游产业、蓝莓项目、大樱桃项目等已成为贫困户实现脱贫的重要依托。

发挥党支部作用　激发内生动力
脱贫攻坚取得阶段性成果

　　碱厂满族乡党委(简称乡党委)深入学习贯彻落实党的十九大精神和习近平总书记系列重要讲话精神,围绕中央和省市委关于基层党建工作部署要求,充分发挥乡党委在脱贫攻坚中总揽全局、协调各方的核心作用,始终把全面从严治党、落实主体责任作为主责主业,放在心上,抓在手上,落实在行动上,取得明显成效。

抓基层党建,夯实发展基础

/ 碱厂乡党委成员在进行党建学习

　　一方面,强化主体责任,形成党建引领扶贫工作局面。

　　乡党委始终把党建当作主责,放在心上,抓在手上,扛在肩上,带领群众脱贫攻坚,形成"党建引领、支部带动、党员互动、党建促发展"的脱贫攻坚工作格局,在抓党建促脱贫上取得了成功的经验。

/ 碱厂乡依托兴城市泳装产业优势，创办村集体泳装厂

扎实推进"两学一做"常态化。乡党委按照从严治党的要求，扎实开展"两学一做"。在"学做"过程中，乡党委认真组织学习全国优秀共产党员毛丰美等人的先进事迹，号召党员干部学习毛丰美用生命践行"党的利益高于一切"精神，也选树了身边的典型——"三带"优秀带头人李红兴和田士权，并在白庙子村红南果梨扶贫基地立起了"干"字碑，坚定干部群众打赢脱贫攻坚战的决心和信心。

另一方面，建强战斗堡垒，发挥基层党组织的带动作用。乡党委始终把加强各基层党组织建设，规范党内组织生活，提高服务能力，作为全乡党建工作的首要任务，抓党建促脱贫。一是加强村部等村级工作场所建设，把工厂、合作社建在村部，不断提升村级工作场所的服务能力，积极发展村集体经济。二是从抓支部书记入手，增强村"两委"班子干事创业的能力，确保"支部一把手，脱贫有一手"。三是实行乡党委委员分工包片责任制，职责明确，责任到人，全乡各支部规范化建设达到新高度。

抓深度融合，保驾脱贫攻坚

推进党建与扶贫开发深度融合，才能开创脱贫攻坚工作新局面，这是乡党委的深刻体会。

一是创新扶贫模式。按照兴城市委"五个贯穿"总体要求，在扶贫工作中，乡党委和村支部两级联动，搭建服务平台，创新扶贫模式，确立了党建引领、产业带头、群众互动的扶贫格局，实现了党建与脱贫攻坚深度融合和互促双赢，探索出党支部带领下的三种扶贫模式，即"党支部＋村集体经济＋贫困户入股""党支部＋合作社＋基地＋贫困户""集中建设＋统一经营＋贫困户承租合作"三种模式。近年来全乡累计脱贫4 769人。

二是壮大村集体经济。碱厂乡碱厂村党支部借助兴城市泳装产业优势，利用党群综合服务中心闲置房屋，以"党支部＋村集体经济＋贫困户入股"模式，成立了碱厂村心连心泳装厂。这种党建促脱贫模式，得到了中央和省市领导的高度认可，媒体也对此进行了详细报道。在碱厂村的带动下，碱厂满族乡已全部实现空壳村转化，发展壮大村集体经济已成为脱贫攻坚的重要抓手。

三是强化服务，聚焦发展，创新"党建＋"项目建设。在乡党委统筹下，推进"党建＋"产业工程，效果显著。2018年，全乡完成了万亩精品果树带和万亩生态梯田建设；修建了6.5公里精品果树观光路和4公里水库观光路；积极推进田园综合体建设，打好乡村旅游基础；继续发展现代农业，新建以大樱桃、蓝莓、草莓为主要品种的农业小区300亩；投资760万元，新修村内道路22.6公里；投资3 500万元的尚家沟水土保持项目，完成主体工程，植树造林2 500亩；已通过红南果梨国家地理商标认证。

/ 碱厂乡果农在千亩大樱桃科技示范园内采摘樱桃

/ 碱厂乡果农在蓝莓基地筛选和包装蓝莓

在党建的带动下，碱厂满族乡荣获全国文明村镇、葫芦岛市发展集体经济先进乡镇和葫芦岛市脱贫攻坚优秀乡镇等荣誉称号。

抓全面发展，着眼持续发展

2017 年是实施"十三五"规划的重要一年，是供给侧结构性改革的深化之年。在经济增速放缓、发展艰难的环境之下，全乡上下齐心协力，真抓实干，较好地保持了经济社会的平稳发展，为脱贫攻坚持续发展提供了保障。

第一，现代农业健康发展。在原有龙头产业项目的基础上，全乡以发展农业循环经济为目标，推进农业产业结构调整，真抓实干，多措并举，取得明显成效。扶持、引导群众继续扩大果业生产，2017 年栽植各类果树 13 万株，通过高接换头技术改造红南果梨 1.2 万株；加大新品种果树推广力度，加强对果农的技术培训，新建村级果树标准示范园 2 个，为提高果品质量和产量奠定了基础；发展设施农业，新建温室大棚 106 座，用于种植大樱桃、蓝莓、草莓、蔬菜等作物；抓好林业生产，全乡造林 2 500 亩，成活率 85% 以上；采购优良花生品种"花育 23" 20.5 万公斤，免费发放给 2 161 户贫困户；扶持庭院养殖840户，发放鸡雏5万只；全面开展土地确权工作，圆满完成前期调查登记、测量、公示、归户等工作，实测总面积64 585.95亩，这项工作使碱厂满族乡荣获辽宁省土地确权工作先进单位称号，为下一步全面发证奠定了坚实基础。

第二，基础设施建设进一步加强。完成投资360万元的蒋家村生态梯田项目，全乡2017年共修建高标准梯田3 500亩；加强水利设施建设，修建大型方塘2座、大口井11座、塘坝2座，增加了水浇地面积，增强了农业后劲，为农业增产增收创造了条件；全力协调投资700万元的尚家沟小流域治理工程，2017年完成4道拦水坝、500延长米护坡任务，工程蓄水量达到6.2万立方米；完成兴城市移民办投资30万元的白店河护坡工程、投资40万元的蒋家村毛土坝村内道路工程；积极推进观光作业路建设和乡村道路硬化工程，完成白庙子碾盘沟、水库环路观光作业路10公里，为全乡精品农业和观光农业建设打下了坚实基础；新修村屯道路22.6公里，修复修建水毁桥梁3座、道路护坡16处；认真开展农村积存垃圾清洁、环境整治工作，累计清理农村生活垃圾123吨、农村建筑垃圾3.23吨。

第三，民生保障卓有成效，社会各项事业协调发展。一是社会保障能力持续增强。对各项民政保障实施动态监管，开展全乡低保大清查，做到应保尽保、应退尽退；撤销死亡及经济好转低保户85户93人，收缴12 500户房屋保险；全年临时救助贫困户

/ 碱厂乡特色产业红南果梨长势喜人，果农喜上眉梢

39户，发放救助资金22 285元；协调爱心团队和个人救助贫困学生148人次，捐助资金13.3万余元、物资450余件；利用救灾、扶贫等资金共翻建房屋62户，维修房屋14户，改善了危房险房户的居住条件。二是社会事业全面进步。举办妇女儿童安全和法律知识讲座，为28名贫困单亲母亲争取资金56 000元，帮助其生产、创业；多次组织全乡贫困家庭进行免费健康检查；悬挂社会主义核心价值观宣传灯箱32个，新修文化墙300平方米，协调《魁星楼》杂志为红南果梨等特色产业出版诗词、摄影专刊，举办兴城第六届农村文化艺术节碱厂专场会演，为家乡父老带来文化盛宴。三是安全生产保一方平安。开展安全隐患大排查大整治行动，多年生产事故为零；加强森林防火工作，多年未发生一起重大森林火灾事故；加强信访稳定工作，信访积案办结率达到100%；加强村级"三资"管理，投资5万余元用于村部"软件"提档升级；推进"七五"普法，群众法律意识不断增强。

在今后的工作中，乡党委将继续重点做好以下工作。一是强化村级党组织的责任落实。要提高各村支部书记抓党建的责任意识，切实发挥基层党组织建设的"龙头"作用。二是加强党员队伍建设。注重发展年轻党员，提高发展质量，不断提高党员队伍的整体素质。三是努力学习，更新观念。持续深入学习党的十九大精神，不断丰富学习内容，拓宽工作思路，剔除落后观念，以更好适应新时代的工作需要。四是全面提升发展村集体经济工作水平，努力提高村集体经济发展质量。

（照片提供：兴城市碱厂满族乡人民政府）

碱厂乡新建红南果梨梯田3万亩，栽植果树20万株

吉林省延边朝鲜族自治州安图县 积极探索抓党建促脱贫攻坚的新模式。成立驻村干部党委，实现对 80 名驻村第一书记、180 个行政村驻村工作队队员的全覆盖和统筹管理。驻村干部党委先后制定出台规范性文件 20 余个，召开驻村干部党委（扩大）会议 6 次、工作经验交流会 7 次，各驻村干部党支部举行会议 100 余次。创办《攻坚》刊物、开辟《追梦》电视专栏，开展"图说攻坚""第一书记先进事迹报告巡讲"等活动。创建"党建促脱贫——智能云管理"办公软件，提升对驻村干部的管理、督考和服务水平。表彰优秀驻村干部 72 人，优先提拔优秀驻村干部 10 名，调整或召回工作不合格的第一书记 10 名。其经验做法在中组部干部培训班上介绍，并在《当代组工干部》和《党建要报》上刊发。

发挥党建优势　引领脱贫攻坚工作

自脱贫攻坚战打响以来，安图县认真学习贯彻落实习近平总书记关于扶贫工作的重要论述，坚持党的工作重心在哪里、党建引领就覆盖到哪里，积极探索实践抓党建促脱贫攻坚的新模式。针对驻村干部相互沟通联系难、组织生活开展难、目标管理激励难等问题，于 2016 年 8 月成立驻村干部党委，对各级下派驻村干部进行统筹管理，促进帮扶力量充分凝聚、党建优势充分释放、阵地作用充分发挥，为打好打赢脱贫攻坚战提供了坚强的组织保障。

创新组织模式，凝聚脱贫攻坚合力

安图县着眼于把脱贫攻坚驻村干部帮扶力量融合为一个有机整体，通过搭建一个机构、健全一组制度、规范一套机制，实现凝聚外力、激活内力、形成合力。

一是构建组织机构。安图县委报经延边州委同意，成立了驻村干部党委。党委设委员 13 名，党委书记由县委书记担任，副书记由县委副书记担任，其他委员主要由中央和省州机关下派的驻村第一书记担任。全县 9 个乡镇分设驻村干部党支部，由乡镇党委书记担任支部书记，负责管理所在乡镇全体驻村干部，并构建了 18 名县党政领导班子成员对 9 个乡镇实行双联系、双包保的工作体系。截至 2018 年 6 月，驻村干部党委管辖党员 567 名，实现了对 80 名驻村第一书记、180 个行政村驻村工作队队员的全覆盖。

/ 中共安图县脱贫攻坚驻村干部委员会成立暨第一次党员大会现场

二是建立工作机制。围绕"怎么干"明晰主线,制定出台《安图县抓党建促脱贫攻坚工作十八条措施》为统领的"1带8"系列文件,创新"双五""三亮一比一评"等活动载体,健全"五人议事""党建书记"等制度机制,形成脱贫攻坚期间党建引领"一盘棋"。围绕"怎么管"建立机制,制定出台驻村干部党委工作规则、职责及例会制度等20余个规范性文件,做到有章可循、有制可依;根据工作需要和驻村干部意见建议,制定下发脱贫攻坚档案管理、"三会一课""主题党日"等一系列规范规程,促进工作提质增效。

三是丰富交流载体。坚持上接"天线"、下接"地气",定期学习传达上级有关文件和会议精神,研究部署阶段性重点工作,累计召开驻村干部党委全体(扩大)会议6次、工作经验交流会7次,各驻村干部党支部召开会议100余次,确保各项工作始终沿着正确方向推进。积极打造"一刊、一号、一栏"宣传阵地,创办《攻坚》刊物,定期刊登政策要求、工作动态、经验做法等,指导驻村干部开展工作;建立驻村干部QQ群、微信群,创设脱贫攻坚微信公众号;开辟《追梦》电视专栏,制作"凝聚驻村干部合力、坚决打赢脱贫攻坚战"驻村干部党委工作纪实片。组织开展"图说攻坚"活动、编印驻村干部故事集、组织"第一书记先进事迹报告巡讲"等,有效发挥了攻坚宣传、经验交流、典型引路等作用。

/ 安图县委书记、驻村干部党委书记韩长发（中），县委副书记、县长、驻村干部党委副书记马云骥（左）在调研人参种植产业

搭建四个平台，明确党委功能定位

结合驻村工作实际，搭建了服务、管理、协调、考评"四位一体"综合平台，切实让组织阵地和党员之家作用充分发挥，让驻村干部时刻体会到"组织就在身边"。

一是搭建服务平台。聚焦严肃党内组织生活，将驻村干部党组织关系划归县委组织部统一管理，并分别转到9个驻村干部党支部，扎实推进"两学一做"学习教育常态化、制度化，确保驻村干部过好镇村两级组织生活。建立谈心谈话制度，驻村干部党委委员定期与驻村干部开展谈心谈话，认真听取意见建议，帮助解决困难问题，让驻村干部没有后顾之忧。研究出台驻村干部补助发放办法，安排驻村干部参保意外险，组织驻村干部免费体检，向驻村干部赠送党委书记签名生日贺卡，开展驻村干部体能拓展训练活动，充分彰显人文关怀。截至2018年6月，各党支部开展活动共计300余次，开展谈心谈话200余次，收到意见建议30余条，协调解决各类问题70余件。

二是搭建管理平台。严格执行驻村干部脱产驻村、请销假、重大事项报告等制度，让驻村干部自觉接受管理和监督。创建推广使用"党建促脱贫——智能云管理"办公软件，构建全方位沟通网、资源库和管理督考平台，实现了移动化、无纸化、便捷化管理服务。通过组织开展贫困村实地观摩、现场办公、以会代训、经验交流大会等方式，实现上级政策直达一线、部署指导落位一线,并达到互通有无、取长补短的效果。通过加强管理监督,实现派出单位放心、驻村干部安心,确保扶贫工作务实、过程扎实、结果真实。

三是搭建协调平台。建立由驻村干部党委牵头,各级帮扶单位、乡镇党委共同参与的联席会议制度,定期召开工作例会,通报扶贫工作进展情况,共同研究解决重大问题。畅通乡镇党委与各级帮扶单位、帮扶领导之间的沟通联系,推动信息互通、资源共享、帮扶共建,整合利用各级帮扶单位资源,积极推动资金、政策、项目统筹谋划上报,争取支持和帮助。坚持日常帮扶工作信息县内交流和向上推送并举,通过信息专刊、督查通报等载体,实现下情上达与上情下达无缝对接。截至2017年,安图县累计争取帮扶单位资金4 679万元,提请帮助协调落实项目266个,贫困村和贫困群众得到更多更大的实惠。

四是搭建考评平台。建立脱贫攻坚督查机制,由驻村干部党委办公室牵头,联合督巡办、纪检委等部门,对驻村干部在岗履职情况进行检查,并将检查结果向派出单位反馈,督促驻村干部认真履职尽责。制定出台驻村干部管理考评办法,对工作实绩、工作作风、群众满意度等情况进行量化打分。对成绩优秀、工作表现突出的予以表彰;对考核一般或较差的,视情况进行诫勉谈话或组织调整。实行不称职驻村干部召回制度,对被召回的县管干部一般不予提拔重用。截至2018年6月,驻村干部党委先后两次表彰

/ 吉林省安图县县城全景图

优秀驻村干部72人,优先提拔优秀驻村干部10名,并对10名工作不合格的第一书记提出调整建议或实行召回,有效激励了大家比学赶超,汇聚了实干担当的正能量。

发挥阵地优势,提升脱贫攻坚成效

驻村干部党委的成立,极大地发挥了党组织的"一凝聚、二转变、三跃升"引领优势,为打好打赢脱贫攻坚战提供了坚强的组织保障。

一是党的基层组织战斗力汇聚新能量。驻村干部党委树立鲜明的导向,引领驻村干部把建强基层组织、强化班子建设作为第一要务,聚焦"抓基层、强基础、筑基石"用心用情用力,充分发挥党员干部带动群众脱贫致富的先锋队作用,打造了一支"不走的扶贫工作队"。

二是驻村干部和贫困群众实现新转变。驻村干部党委充分调动广大干部和贫困群众参与脱贫攻坚的积极性和主动性,切实增强了驻村干部的主人翁意识,实现了从"驻村扶贫"到"助村脱贫"的转变;切实激发了贫困群众脱贫致富的内生动力,实现了由"要我脱"向"我要脱""我能脱"的思想转变。

三是抓监管强队伍保成效取得新跃升。驻村干部党委完善了县乡村三级监督管理体系,打造了驻村干部心中的"党员之家"。形成了"领导领着干、干部带着干、群众跟着干"的作风,让"凡提必练"的用人导向深入人心,让党群干群关系更加密切。聚焦

/ 安图县驻村干部在培训期间开展丰富多彩的体能训练活动

了目标导向、问题导向和成果导向,严把政策、标准和质量关口,有效助力了 2017 年全县 30 个贫困村和 2 839 名贫困人口脱贫出列目标的顺利实现。

  安图县驻村干部党委的成立,实现了党的基层组织创新与脱贫攻坚中心工作的有机结合。该经验做法经中央政策研究室农村研究局推荐,在《党建要报》上刊发;在中组部干部培训班上作了经验介绍,并在中组部刊物《当代组工干部》上刊登。同时,《人民日报》《吉林工作交流》等中央和省级报刊发表了介绍该经验做法的文章。

(照片拍摄:董立志 孙立刚)

中共黑龙江省委组织部组织二处 2017年以来，承担全省定点驻村扶贫工作任务。围绕发挥驻村工作队脱贫攻坚生力军作用，建立动态调整管理机制，完善考勤、检查、约谈、召回等日常管理制度，研制App信息化软件，做到科学管理、精准服务。每月开展2次专题培训，通过远程视频培训近12万人次。组织开展"自强、感恩、文明"主题扶志教育活动，通过设立道德讲堂、爱心超市、讲习所和评选典型等方式，激发脱贫内生动力。设立全国首个省级驻村扶贫产品展示交易平台，协调京东开设黑龙江驻村扶贫馆，组织驻村工作队参加各种展会活动，产品销售2亿元。2018年在全国驻村帮扶工作座谈会上做经验介绍，央视《新闻联播》专题播出黑龙江驻村扶贫经验做法。

创新管理服务机制手段
充分发挥驻村工作队脱贫攻坚生力军作用

中共黑龙江省委组织部组织二处作为省扶贫开发领导小组成员单位职能处室，2017年以来承担了全省定点驻村扶贫工作指导推进和驻村工作队管理服务的重要职责，聚焦打好打赢精准脱贫攻坚战，采取一系列有力措施，创新管理服务机制手段，充分发挥驻村工作队在脱贫攻坚中的生力军作用，在落实扶贫政策、发展扶贫产业、开展扶志教育、加强基层党建等方面取得明显成效，群众对驻村帮扶工作满意度不断提升，黑龙江省脱贫攻坚成效考核从全国第三档晋升为第二档。2018年5月，在国务院扶贫办召开的全国驻村帮扶工作座谈会上做了典型经验介绍，央视《新闻联播》专题播出黑龙江省定点驻村扶贫工作经验做法。

坚持真抓严管，锤炼真帮实扶硬作风

汇集组织资源、干部资源、部门资源，选派1 778个驻村工作队、5 471名驻村扶贫干部，对建档立卡贫困村帮扶全覆盖。坚持管长管细管严，推动驻村干部扎根扶贫一线，做好帮扶工作。

一是注重制度化建设。研究制定驻村工作队及队员管理办法，明确4项职责任务、5条管理规定、16种问责情形，规定驻村工作队驻村时间不少于2年，驻村干部每年驻村时间不少于240天，并与原单位脱钩，专职抓驻村扶贫，帮扶期限至脱贫摘帽并

/ 黑龙江省抓党建促脱贫攻坚工作推进会议暨优秀驻村第一书记命名表彰大会现场

继续巩固提高1年。配套制定考勤请假、工作报告、入户走访等7项制度措施，形成一整套管理制度体系。建立驻村干部动态调整和管理机制，及时召回驻村不实、工作不力驻村干部，选派优秀年轻干部充实驻村工作。2018年以来，共召回省派驻村干部6人。省市县分别成立定点驻村扶贫工作办公室，办公室设在组织部，以推动驻村工作队各项管理制度落地见效。

二是实行信息化管理。开发集考勤管理、信息反馈、电子商务等功能为一体的驻村管理App软件，对驻村干部出勤、请假、外出协调项目等进行实时监管、留痕记实，堵塞管理漏洞，解决村里、单位"两头挂"问题。通过这种信息手段，驻村工作队的产业扶贫需求、帮扶进展、意见建议等能及时上传，扶贫工作部署、政策要求、工作提示等能及时下达，便于第一时间掌握一线扶贫动态，第一时间部署重要工作事项。对每个驻村扶贫工作队GPS精准定位，驻地位置、队员信息、帮扶情况等一目了然，随时随地掌握信息，实现科学管理、精准服务。

三是完善常态化检查机制。以暗访检查为主，不打招呼直接进村入户，全面检查督查驻村工作队履行职责、遵守纪律、发挥作用情况，深入了解群众满意度。2017年至2018年上半年，深入走访检查789个贫困村，占全省贫困村总数的44.7%。每检查一处，把问题直接反馈至市县，以便督促整改。对问题突出的工作队或个人，共在全省进行过2次通报，约谈过派出单位24个，引起很大震动。组织开展全省驻村工作队全覆盖交叉互检，走访农户9 847户，访谈乡村干部8 193人，发放调查问卷19 667份，列出每个驻村工作队问题清单、每个市县共性问题，点对点、面对面反馈，全面抓好整改落实。

注重精准指导，打造脱贫攻坚先锋队

立足当前、着眼长远，加强帮扶工作指导，引导广大驻村干部树立正确扶贫观，掌握精准扶贫方法论，切实担负起脱贫攻坚的职责使命。

一是在提升攻坚能力上下足功夫。根据驻村扶贫实际需求，拓展培训手段，坚持每月开展2次专题培训，通过远程视频，实现全省贫困乡村干部、驻村干部培训全覆盖。2017年下半年至2018年上半年，共举办各类扶贫政策、农业科技、做好农村工作等专题讲座40余次，培训近12万人次。将全省贫困地区划分为东、北、中三个片区，组织各片区通过现场观摩、经验介绍、学习交流等形式开展培训。着眼解决驻村干

/ 驻村扶贫干部在第五届绿博会上推出的优势特色产业扶贫展区前合影

部不会干、干不好等问题,制定《关于加强农村基层扶贫干部能力建设的意见》,采取全员轮训、实战培训、实践指导等方式,不断提升扶贫干部政策落实能力、产业扶贫能力、扶志教育能力、党建引领能力。2017 年至 2018 年上半年,全省 1 778 个驻村工作队帮助贫困村谋划实施扶贫项目 3 479 个,其中产业项目 1 593 个;协调投资 13.3 亿元,带动贫困户 4 万余户、9.6 万人;为群众办实事解难题 9 万多件次。

二是在重要节点上精准发力。针对思路不清、选项不准、联结不紧等问题,及时制定指导性意见,根据不同阶段特点做出工作提示,提高帮扶工作的针对性和实效性。抓住重要时间节点,全省统一安排、统一组织,一个节点一个节点抓推进。比如,"七一"开展主题党日活动,防汛期间做好救灾工作,10 月 17 日国家扶贫日组织走访、宣传、帮扶等"五个一"主题活动,党的十九大召开后做好学习宣传贯彻工作,元旦期间开展走访慰问和典型评选活动。村"两委"换届期间,引导驻村工作队发挥指导监督作用,选好带头人,建强党支部,留下"不走的扶贫工作队"。

三是在激发内生动力上着力攻坚。把扶贫同扶志结合起来,深入开展以"自强、感恩、文明"为主题的扶志教育活动,充分发挥基层党组织和驻村工作队的作用,创新方式方法,通过建立道德讲堂、设立爱心超市、开办农民"讲习所"、评选脱贫典型和道德模范等方式,强化思想教育和典型引领,让贫困群众心热起来、行动起来,激发脱贫内生动力,推动移风易俗,树立新风正气,全省贫困村贫困群众精神面貌焕然一新。

有效整合资源,搭建干事创业大舞台

积极统筹协调优质资源,倾情倾力搞好服务,让驻村工作队架起贫困村与大市场对接的桥梁。

一是强化产业扶贫支持。协调黑龙江省农委、省农科院等涉农部门和科研院所,统筹整合农业技术人才信息资源,建立农业专家库,通过网上咨询、现场指导、定点联系等方式,为驻村工作队提供技术支持和保障。协调黑龙江省供销社,推动全省农资、粮食仓储、社会服务网点与驻村扶贫工作对接,为产业扶贫提供配套服务。

二是搭建对接市场平台。先后组织 300 多个驻村工作队、600 多种贫困村农特产品参加绿博会、绿聚人、农品汇等一系列展会活动,让驻村干部当代言人,让贫困村干部、合作社负责人当推销员,开阔眼界,转变观念,增强市场意识、经营意识、品牌意识。在 2017 年第五届绿博会上收获 1.1 亿元订单,"2018 驻村工作队新春农品汇"销售额达 710 多万元。在哈尔滨中央大街繁华地段设立全国首个省级"驻村扶贫产品展示交易平台",每半月展销 1 个贫困县的产品,滚动式覆盖全省所有贫困地区。展销活动开展短短 2 个月,签订产品订购协议 3 405 万元,现场销售额 41 万元。积极推动线上交易平台建设,与黑龙江省惠丰金源公司合作开发"龙江驻村扶贫网",设置电子商

/ 在哈尔滨中央大街繁华地段设立全国首个省级"驻村扶贫产品展示交易平台"

务功能,让驻村工作队不出村,就可以了解市场、对接市场。与京东、天猫、京粮集团等国内知名电商沟通协调,争取政策支持,整体推动全省贫困村绿色特色农产品登陆销售。京东"中国特色·黑龙江驻村扶贫馆"开馆。

三是凝聚社会帮扶合力。整合黑龙江省直部门、医院、高校、企业和社会组织等帮扶资源,落实项目、资金、责任三捆绑要求,对贫困村全面开展社会帮扶。在全省全面推广庭院经济,贫困户利用房前屋后小菜园种植绿色蔬菜,帮扶单位职工或食堂以订单形式收购,以实现增收脱贫。黑龙江省委组织部职工与帮扶村拜泉县团结村签订30万元订单,贫困户通过发展庭院经济每户每年增收700余元。协调黑龙江省人力资源和社会保障厅、哈尔滨医科大学共同组织哈医大一院、二院等三甲医院专家,到贫困县贫困村开展义诊活动,深受群众欢迎。

<h3 style="text-align:center">强化激励保障,创造安身安心好环境</h3>

关心关爱驻村干部,让他们没有后顾之忧,扑下身子,干在一线。

一是突出激励效果。制定驻村扶贫干部激励保障办法,从培养使用、表彰奖励、待遇保障等方面提出具体政策措施，对表现优秀的驻村干部，在提拔任用、交流重用、职级晋升、职称评定、评先选优时优先考虑。2017年以来，有5名省派驻村工作队队长被火线提拔为副厅级干部，社会反响强烈，驻村扶贫干部深受鼓舞。连续两年召开命名表彰大会，先后命名100名优秀驻村第一书记和100名优秀驻村干部，树立学习榜样和鲜明导向，宣传先进人物事迹和扶贫攻坚鲜活经验，激励广大驻村干部奋发有为、建功立业。

二是强化保障措施。省财政每年拿出8 700多万元，为每个省派驻村工作队安排50万元专项扶贫资金、5万元工作经费，每名队员每天100元生活补贴，为驻村工作队及其队员创造良好工作和生活条件，使其能安身安心在扶贫一线工作。为驻村干部集中办理人身意外伤害保险，统一安装一氧化碳报警器，每月提供1G免费手机流量，帮助解决实际困难，确保驻村工作队及其队员下得去、待得住、干得好。

三是加大宣传力度。充分利用广播、电视、报纸、网络等媒体，开设专栏专刊，宣传驻村扶贫好做法好经验，展示驻村干部好作风好形象。协调举办扶贫摄影展，组织摄制驻村工作队公益广告片、专题片，会同黑龙江省广播电视台创办《驻村书记》《驻村扶贫进行时》《工作队长面对面》等专题节目，在全社会营造关心支持驻村扶贫工作的浓厚氛围。

（照片拍摄：范光来）

上海广播电视台、上海文化广播影视集团有限公司东方卫视中心 坚持增强公益性、淡化营利性、弘扬主旋律、传播正能量的理念，一直致力于媒体参与脱贫攻坚。参与制作和播出《我们在行动》精准扶贫公益纪实节目，其制片人、主持人陈蓉领衔推动影视明星、媒体人和企业家共同组成"助农团队"，通过"下乡选品、产品研发、订货会推广、社区推广"四个步骤，深入贫困山区为建档立卡贫困户"叫卖"特色优质农副产品，线上线下联动，打造从生产到销售的完整产业链。截至2018年6月，已在6个贫困村举办了6场产品订货会，29位公益大使联手助阵，55家知名企业、700多个社区用户积极参与，总销售额突破1 460万元，为贫困地区送去了强有力的扶贫支持，为媒体支持脱贫攻坚做出了榜样。

精准扶贫　我们在行动

东方卫视中心一直致力于媒体参与扶贫工作，如《极限挑战》走进广西桂林东升村关爱贫困地区留守儿童，每年播出"蓝天下的至爱——爱心全天大放送"活动等，特别是创制了精准扶贫公益节目《我们在行动》，彰显主流媒体社会责任。

贵在行动，携手力促脱贫攻坚

公益纪实节目《我们在行动》是在上海市人民政府合作交流办公室和中国扶贫志愿服务促进会的指导下，由上海广播电视台发起并制作，东方卫视、易居乐农、新浪微博联合出品的。第一季节目从2018年2月28日至5月23日每周三晚22点在东方卫视播出，共计13集。

为贯彻落实党的十九大报告中提出的"要动员全党全国全社会力量……脱真贫、真脱贫"，节目组深入一线，切身感受贫困地区生活状态，同时联合城市社区资源，抓住产业扶贫的主线，通过"下乡选品、产品研发、订货会推广、社区推广"四个步骤，深入贫困山区为建档立卡贫困户"叫卖"特色优质农副产品，线上线下联动，打造从生产到销售的完整产业链，用实际行动解决村民农产品销售难题，为贫困地区送去切实有效的扶贫支持。节目组在每一站的产业扶贫举措均获得成功，为我国产业扶贫事业提供了确实可行的参考范例。

《我们在行动》节目恪守"小成本、大情怀、正能量"的理念：坚持节俭办节目，

/《我们在行动》节目组在陕西刘卓村扶贫,当地村民张锋赠字

所有嘉宾零片酬加盟;把社会效益、价值引领放在首位,响应中央脱贫攻坚的号召,与国家命运同频共振;弘扬真善美,真实记录反映贫困县村民积极向上、吃苦耐劳的精神面貌,激励观众向上向善。节目的一大创新举措便是将"社区支持农业"理念引入到节目中。

节目联合易居乐农形成了一套社区支持农业发展体系——从与贫困县域结对、选品,到深度综合服务,再到社区及社群渠道的打通,最后通过好的产品、好的品牌、好的市场、好的口碑,反向推动贫困县域专业合作社的建立。

第一季13期节目在6个贫困村分别举办了6场产品订货会,得到了29位公益大使联手助阵,55家知名企业倾情参与、慷慨解囊,北京、上海、广州、深圳、天津、成都六大城市700多个社区用户通过线上线下方式积极参与,总销售额突破1 460万元(截至2018年6月30日统计数据),为贫困村民开拓了脱贫路径。

跨界创新,打造精准扶贫模式

作为一档原创的精准扶贫公益节目,节目组在策划伊始,对《我们在行动》的定位便不止于一档电视节目,而是一项综合的、长期的、实效的扶贫工程。通过《我们在行动》推出的扶贫产品,将会有节目合作企业全程跟进项目执行,为贫困县创造稳定的、持续的供销保障。

《我们在行动》扶贫首选国家级贫困县,第一季的6站分别为陕西省澄城县、云南省新平县、广西壮族自治区龙胜县、贵州省务川仡佬族苗族自治县、河北省丰宁满族自治县、青海省贵德县。零片酬参与的影视明星、媒体人和企业家则组成助农团队,由东方卫视制片人、主持人陈蓉带领,分别作为"助农委托人""名誉村干部",深入贫困山区、乡间地头,与村民同吃同住,挖掘开发当地有特色的优质农副产品,并通过电视频道、线上渠道、线下资源等全方位的媒体力量,为贫困地区打造特色产品销售产业链。

第一站在陕西澄城县刘卓村。制片人及主持人、影视明星、企业家、媒体人等组成的助农团队,走访当地贫困户,最终确定将传承400年的刘卓手工挂面作为扶贫产品,打造"爷爷的面"品牌。在村头订货会上,得益于嘉宾们一系列的营销造势措施,直接为村民们谋得了4万斤的销售订单。如果按过去的营销方法,这4万斤的销售量,要用近2年的时间才能完成。

第二站在云南新平县马鹿寨村。助农团队一同体验了当地的沃柑产业,经历了实地采摘与考评,确立了"阿哒的柑"品牌,并手绘了以沃柑为原型的插画。在村头订货会上,助农团队更是一举卖出165吨沃柑,销售额达到520万元。节目播出后,马鹿寨村的20 000箱沃柑全部售罄。沃柑产业是马鹿寨村重点发展的产业脱贫项目,基地面积已经达到4 000亩,节目播出以及产品热销强烈提振了沃柑种植基地和当地村民的信心,同时吸引了更多贫困户参与沃柑产业。

第三站在广西龙胜县地灵村。助农团队将当地世代耕种的红糯米作为拳头产品,几经谈判,终于说服当地4家合作社合力打造"龙胜胭脂米"品牌。在订货会上,助农团队帮助当地将滞销的10万斤红糯米全部售出。截至2018年6月30日,易居乐农线上平台又售出近9 000单、3.6万斤红糯米。地灵村全村共有231户贫困户,绝大多数都种植了红糯米,2017年滞销的红糯米得以全部售出,解了他们的燃眉之急。

第四站在贵州务川县。这是上海奉贤区对口支援县,助农团队在此体验了当地仡佬族的特色三幺台,挖掘当地特色灰豆腐果和土蜂蜜作为扶贫产品。节目组创办了上海市奉贤区与务川县两地直播连线的订货会,吸引了几十家企业踊跃参与,在短短两个小时内,总销售额突破200万元。节目不仅帮助贫困户将2017年滞销的蜂蜜全部售出,还预定了2018年产秋季蜜。务川县拟建设新的灰豆腐果生产厂及蜂蜜生产合作社,并将新增1 000个蜂箱,为更多贫困户提供工作岗位。

第五站在河北丰宁县十七道沟村。经过走访研究,助农团队确立推广有潜力的跑山黑猪产业。经过与当地猪场负责人反复沟通,终于说服他们引入村民合作社,通过土地流转和分红的形式发展养猪场。10余户贫困户首批加入了合作社,投身黑猪养殖。助

/《我们在行动》主持人陈蓉在广西地灵村当地小学授课

/《我们在行动》主持人陈蓉探访广西地灵村村民

农团队还打造了一个极具故土情怀的跑山黑猪旅游文化节，使跑山黑猪肉销售额达到220万元，提振了当地村民对农村合作社的信心。

第六站在青海贵德县达尕羊村。这里海拔3 500米，助农团队在体验了当地藏族群众放牧牦牛的生活之后，决定帮助当地将牦牛打造成全新的品牌"九牛一牦"。助农团队策划了一场别开生面的雅克文化节，来自全国各地的客商一共订购了435万元的牦牛肉，为《我们在行动》第一季最后一站订货会画上了圆满的句号。这400多万元的订单，也促使达尕羊村新购入306头牦牛进行养殖，40户贫困户约120人加入牦牛养殖产业中。

传播理念，引发公众积极响应

《我们在行动》第一季13期节目历时3个月，收视率均位列同时段节目类三甲，其中10期节目更是排名上星频道同时段电视节目类第一，并且节目也获得了社会各界的一致认可。国家新闻出版广电总局发表专题点评《上海东方卫视〈我们在行动〉关注精准扶贫助力乡村脱贫》，称赞节目"为脱贫攻坚工作注入了正能量"。另外，节目还被国家新闻出版广电总局评为2018年第一季度广播电视创新创优节目。节目播出期间，东方卫视节目公益宣传片共播出近600条，掀起全民参与公益的热潮，引发行业内外高度关注。人民网、《广电时评》《经济日报》《解放日报》《文汇报》上观新闻、澎湃新闻等40多家全国主流媒体还纷纷发表评论，给予节目高度评价。在网络反馈方面，《我们在行动》豆瓣评分为8.8分，微博热门标签"我们在行动"节目话题总阅读量突破2.3亿次；在天涯、豆瓣、知乎等热门社交平台形成多个话题，跟帖评论几乎零差评。

此外，参与节目的影视明星和企业家无一例外对节目褒奖有加，不仅选择零片酬加盟，还纷纷慷慨解囊支持贫困县基础设施建设。节目也收获了众多社会企业以及普通百姓的支持与帮助，在每站的订货会环节都会有企业和百姓踊跃参与订购，为贫困县村民提供了销路保障。可以说，《我们在行动》联动了影视明星、企业、公众，潜移默化地传递出社会携手、共同参与、互帮互助、支持扶贫的理念，实现了社会效益与经济效益相统一。

东方卫视中心将坚持对社会问题的关注，对社会主义核心价值观的践行，对媒体社会责任的坚守，以这种老百姓喜闻乐见的形式展现公益的力量，润物无声地使公益理念深入人心，为中国的扶贫事业助力添彩。

（照片拍摄：王振北）

/《我们在行动》节目组到青海省达尕羊村扶贫，图为牧民放羊场景

浙江省丽水市云和县 是国务院扶贫开发领导小组在丽水设立的扶贫改革试验区中的先行先试县。云和县紧紧围绕"人口集聚、户资分离、户随人走、城乡一体"的工作思路,在深化"小县大城"发展战略的基础上,全面推进扶贫改革试验,通过深化易地搬迁安置方式、实施农村集体产权制度改革、突出抓好搬迁扶贫体制创新、开展户籍管理制度改革试点、启动宅基地使用权流转试点、推进社区管理服务方式创新等6项举措,着力破解城乡二元"隔离墙",助推更多山区群众"带权进城、安家落户",过上无差别的市民生活。

先行先试　全面推进扶贫改革试验

2013年1月,国务院扶贫开发领导小组在丽水市设立扶贫改革试验区,云和县被确定为先行先试县。在国务院扶贫办和省、市的关心支持下,云和县围绕"人口集聚、户资分离、户随人走、城乡一体"的工作思路,在深化"小县大城"发展战略的基础上,全面推进扶贫改革试验,突出抓好搬迁扶贫体制创新,着力破解城乡二元"隔离墙",在助推更多山区群众"带权进城、安家落户",过上无差别的市民生活方面,取得了成效。

到2014年底,云和县完成了5项改革任务,并顺利通过省级评估。2015年以来,在继续深化原有改革的基础上,云和县主要进行了以下几方面的探索和创新。

深化易地搬迁安置方式创新,让更多农民进城来

一是加大扶持促搬迁。进一步完善农民易地搬迁政策,采用自建房式、公寓式、资金补助式下山等多种方式,整合资金,加大投入,进一步提高补助力度,将易地搬迁补助标准从原来的5 000～17 500元/人,提高到最高60 000元/人。

二是统筹兼顾促搬迁。在兼顾社会效益的同时扩大搬迁范围,与县城一级饮用水水源——雾溪水库的保护工作相结合,将水库所在地的雾溪乡纳入重点搬迁范围,在补助标准上向水源保护地群众大力倾斜,由原来的零星搬迁、整村搬迁向整乡搬迁推进,达到了既促进农民易地搬迁集聚,又改善县城饮用水水源的目标。

/ 普光易地搬迁安置小区

三是强化保障促搬迁。结合农民下山后房屋拆除工作,大力推进农村建设用地复垦,先后实施复垦项目120余个,新增耕地面积2 600亩,调剂指标2 300亩,为易地搬迁小区建设提供强有力的用地和资金保障。截至2018年6月,全县已建成48个易地搬迁安置小区(点),其中在县城有5个,累计安置35 400余人。

实施农村集体产权制度改革,让农村资源活起来

一是清产核资明家底。坚持农村土地经营权承包关系长久不变,以二轮土地承包为基础,摸清村集体所有未发包到户的土地、山林等资源性资产的坐落、面积等信息,并对非地资产等实物性资产进行实地勘察和清点,对往来款项、债权债务等进行清查并逐项造册登记,全面掌握村集体资产情况。

二是股份改造赋权益。将原来的村经济合作社改组为股份经济合作社,将村集体经营性资产以户为单位折股量化到人,发放股权证书。在股东鉴定上,坚持原则性与灵活

/ 云和县安溪畲族乡村股份经济合作社授牌现场

/ 股权融资授信现场

/ 现场发放贷款

性相结合，宽接受、广覆盖，确保广大群众受益；在股权分配上，只设人头股，不设农龄股、贡献股；在股权管理上，实行静态管理，权跟人走，生不增、死不减；在股权受益上，实行按股分红，分红不分产。同时，赋予农民对集体资产股份的收益、抵押、担保等权益。2014年8月，云和县已完成全部村经济合作社股份制改造。

三是搭建平台助流转。建立县农村产权流转交易中心，推动土地承包经营权、集体资产股权等农村各类产权公开、公正、规范流转交易，截至2018年6月已公开流转交易206宗，流转金额2 024万元。云和县政府出资注册资金5 000万元，成立县兴农融资性担保公司，为农村土地经营权、集体资产股权等农村各类产权抵押融资提供担保，全县累计发放农村产权抵押贷款近1.9亿元，仅有187人的安溪乡下武村就获得村镇银行股权质押资金担保授信700万元、实际贷款400多万元。推行集体资产股权规范流转，截至2018年6月已流转股份200份，金额400余万元。

开展户籍管理制度改革试点，让进城农民安下来

一是统一户口同待遇。取消农业户口和非农业户口性质划分。2014年12月15日，云和县的户口性质统一转换为"居民户口"。按照"就高不就低，自由选择，不重复享受"的原则，明确农民转换为居民后，可享受与城镇居民同等的权益和待遇。

二是随居定籍优管理。建立以合法稳定住所或职业为基本条件，按经常居住地登记户口为基本形式的城乡统一户籍管理制度。将进城农民户籍从原所在地迁至县城，就近纳入社区管理。截至2018年6月，进城农民在县城社区落户已达1万多人，其他人员将逐步落实到位。

三是厘清身份保红利。为消除农民的后顾之忧，实行经济身份和社会身份相分离，进城农民户籍迁至县城以后，经济身份仍然保留在原村集体经济组织，为股份经济合作社成员，并凭股权证享有原村经济组织的收益分配权，以及相关涉农政策和权益。截至2018年6月，全县已发放社员证6 210本。

启动宅基地使用权流转试点，让农房价值高起来

一是严守底线适度放开。坚持土地"用途管制、规划控制"和"自愿、公开、公平"的原则，放开宅基地使用权社内流转限制，允许本县农村村民（户籍改革后持有社员证的居民），在县城规划区范围之外跨社流转农村宅基地使用权，为农民梯度搬迁提供土地空间。

二是分类处理区别对待。将农村宅基地分为有房和空闲两类，分别采取村民自主流转和村集体公开挂牌竞标的方式进行流转。制定宅基地使用权流转的指导价和最低保护价，切实维护农村宅基地使用权流转市场稳定。

三是简化程序方便流转。改革宅基地使用权流转审批程序，改变必须经2/3村民代表同意才能流转的限制，只需经村股份经济合作社批准同意，即可对外跨社流转。截至2018年6月，全县已办理宅基地使用权跨社流转189宗、面积19 535平方米，流转交易金额近2 000万元，其中空闲宅基地36宗、面积3 240平方米。

推进社区管理服务方式创新，让进城农民融进来

一是新建社区强化服务。分别在普光、云甬两个搬迁进城人员较多的集聚小区成立新社区，将小区住户全部纳入社区管理，进一步强化对易地搬迁进城人员的服务。

二是直选主任提升服务。在全省率先开展社区居委会直选工作，由居民直接海选产生居委会主任、副主任、委员。2015年2月5日，80后的进城新居民王芳艳当选为普

/ 全国扶贫改革试验区工作座谈会在云和县召开

光社区居委会主任，成为全省第一个由非社区专职工作者担任的居委会主任，并在任期内享受社区专职工作者同等待遇。直选主任等做法进一步提升了社区居民的民主自治水平。

三是结合需求加强服务。紧密结合易地搬迁进城人员的就业服务需求，加强社区服务平台建设，重点开展以"创业就业""融入社区"为主题的社区培训和社区文化活动，提高进城人员就业技能，使其尽快实现生活方式转变，实现无差别融入城市生活。

在继续深化原有改革基础上，做三方面探索创新

一是开展生态公益林未来补偿收益质押贷款，有效盘活"沉睡资源"。云和县的森林覆盖率高达 80.8%，拥有林地 124.8 万亩，其中生态公益林 80.4 万亩。公益林面积较大，却不能砍伐变现，成为农村的"沉睡资源"。为盘活这些"沉睡资源"，帮助农村群众创业发展拓宽融资渠道，2015 年 6 月，云和县启动了生态公益林未来补偿收益质押贷款工作。浙江省财政对生态公益林每亩补助 30 元，村集体与担保公司合作，以未来 5 年收益为基数，组成质押资金，再放大 10 倍，为村集体和农户融资提供担保。截至 2018 年 6 月，紧水滩镇梓坊村、大牛村、金水坑村都组建了担保基金，共能提供担保额度 2 000 万元，已发放贷款 92 笔共计 1 318 万元。

二是推进空闲农房"二次创业"，加快打通城乡互通"双向渠道"。户籍管理制度改

革后，进城农民成为市民毫无障碍，但市民进农村的渠道还未打通。如何实现"市民进村养生"、空闲农房从"养老鼠"到"养老板"的转变，还有待探索。为此，云和县于2015年制定出台了《"空闲农房二次创业"改革（试点）实施方案》，通过空闲农房出租，或者征收为国有再公开出让，由市民或企业用于养生休闲、对外经营。根据统计，全县适合"二次创业"的空闲农房达1 115幢，截至2018年6月已成功租赁150幢，为农民直接创收600余万元。云和县将赤石乡赤石村确定为空闲农房征收再利用的首个试点村，稳步推进试点工作。

三是积极创新村集体经济项目管理方式，促进村集体资产"保值增值"。制定出台《深化农村集体资产管理制度改革工作方案》，按照"集体所有、统分结合，发扬民主、规范操作，因地制宜、稳步推进"的原则，有序推行村股份经济合作社聘请职业经理人管理、委托专业单位（个人）经营管理、租赁给单位（个人）进行经营、与经营单位（个人）入股合作经营等模式，有效促进农村集体资产保值增值。例如，安溪乡茶山水电站村集体经济项目，通过聘请职业经理人的方式进行试点经营，2016—2017年两年的经济收益超过130万元。

（照片拍摄：蓝石花）

安徽省六安市金寨县 创新实施光伏扶贫工程，按照统一规划、分步实施的思路，坚持精准选户，合理确定规模，多方筹措资金，严格质量监管，历经"试点、推广、提升"3个阶段，探索"户用、村级、联村"三种模式，搭建"运维、短信、保险、智慧"4个服务平台，保障光伏电站持续平稳运行，充分挖掘"发电、土地流转、公益劳务、产业发展"等收益，最大限度释放综合效益。截至2018年6月，全县共建成并网光伏扶贫电站208.7兆瓦，总投资14.78亿元，实现综合收益4.5亿元，助力实现10.58万贫困人口脱贫、67个贫困村出列，贫困发生率降至2.73%。

全国脱贫攻坚奖组织创新奖

光伏发电助脱贫　阳光收入暖民心

金寨县是中国革命的重要策源地、人民军队的重要发源地，地处安徽西部，大别山腹地，鄂豫皖三省接合部，总面积3814平方公里。金寨县辖23个乡镇、1个现代产业园区，225个行政村，总人口68万，是安徽省面积最大、山库区人口最多的县，是首批国家级贫困县。2014年，全县建档立卡贫困人口12.97万人，贫困村71个，贫困发生率21.69%。近年来，县委县政府认真贯彻落实党中央、国务院和省委省政府关于坚决打赢脱贫攻坚战的决策部署，始终把脱贫攻坚作为最大的政治、最大的任务、最大的责任，坚持以脱贫攻坚统领经济社会发展全局，严格落实"精准扶贫、精准脱贫、防范返贫"要求，创新实施光伏扶贫工程，走出了一条可持续、可复制、可推广的精准脱贫之路。截至2018年6月，全县共建成并网光伏扶贫电站208.7兆瓦，总投资14.78亿元，实现综合收益4.5亿元，助力实现10.58万贫困人口脱贫、67个贫困村出列，贫困发生率降至2.73%。

坚持试点先行，分步实施突出科学化

按照统一规划、分步实施的总体思路，全县光伏扶贫电站建设历经"试点、推广、提升"3个主要阶段。

一是试点阶段。2014年初，在全县不同区域选择8户贫困户试点建设每户1个容量为3千瓦的光伏扶贫电站，平均年发电量为3000千瓦时，接着分两批实施2000

/ 金寨县吴家店镇吴畈村5.8兆瓦联村光伏扶贫电站

户贫困户户用光伏扶贫电站建设,于2014年底全部并网发电。按照发电收入每度1元计算,户均年可增收3 000元左右,为光伏扶贫的全面推开奠定了基础、积累了经验。

二是推广阶段。2015年,紧抓全国光伏扶贫工作试点县机遇,全面推广光伏扶贫到户项目,当年新建5 795户贫困户户用光伏扶贫电站并实现并网发电。同时,各村成立创福发展公司,以此为依托分村建设装机规模100千瓦村级光伏扶贫电站,每村每年约有10万元固定收入,一举"消灭"了村集体经济空白村。

三是提升阶段。2016年,针对户用光伏扶贫电站安装分散、运维管理成本高等问题,采取村村联建的方式,建成了14.5万千瓦联村光伏扶贫电站,电站收益通过入股方式分红给贫困户。

坚持因地制宜,建设模式注重多元化

因户因村制宜,创新光伏扶贫电站建设"三种模式",不断提升光伏扶贫效益。

一是户用光伏扶贫电站。对具备光照、承压、方位等条件的贫困户,在其屋顶或房前屋后空闲地建设户用光伏扶贫电站。全县共建成7 803户、每户3千瓦的独立户用光伏扶贫电站。每个电站投资2.4万元,其中省县财政扶持8 000元、企业捐资8 000元、贫困户自筹8 000元,对自筹资金确有困难的贫困户,采取互助资金借款或扶贫小额信贷等方式解决。

二是村级光伏扶贫电站。从2015年开始,每村投入74万元,分村建成装机规模100千瓦的村级光伏扶贫电站。动员社会力量捐建,省政府办公厅、省政府政研室、省电力公司、县公安局等32个驻村帮扶单位,为油店乡东莲村、古碑镇宋河村、汤家汇

/ 金寨县依托荒山集中建设的100兆瓦联村式光伏扶贫电站

/ 金寨县桃岭乡桐岗村 60 千瓦村级电站

镇金刚台村、长岭乡永佛村等 30 个村建成 3 141 千瓦村级光伏扶贫电站。村级光伏扶贫电站发电收益主要用于为贫困户直接增收而开发的公益性岗位、奖励先进、补助老弱病残或无劳动能力的贫困人口，小部分收益用于村内小型公益事业。

三是联村光伏扶贫电站。2016 年，对没有安装条件的贫困户，采取乡镇、村协调选址安装联村光伏扶贫电站，总装机规模 14.5 万千瓦。投入资金采取各级财政资金注入、光伏企业让利和贫困户资金入股方式筹集。发电收入除土地流转费用及运维成本外，净收入用于贫困户参与光伏扶贫电站入股分红，覆盖全县 1.8 万多户贫困户。

坚持建管结合，运营维护确保长效化

全县已投入资金 522 万元，搭建 4 个服务平台，以保障光伏扶贫电站持续平稳运行。

一是建立运维服务平台。成立县光伏扶贫运营维护中心，打造专业技术队伍，加强对光伏扶贫电站运营维护和设备维修。开通运维热线，第一时间解决电站运行中出现的各类问题。

二是建立短信服务平台。与县移动公司合作，及时发送发电收益打卡信息，并推出短信提醒业务，根据天气、季节变化及时发送光伏电站维护信息，普及维护保养知识，提醒群众科学操作。

三是建立保险服务平台。投入 32 万元为全县光伏扶贫电站购买财产安全保险，切实减轻自然灾害给贫困户造成的损失。

四是建立智慧服务平台。投入资金 490 万元，建设光伏智慧监控中心，对全县光伏电站设备运转、发电、光能转换等情况进行远程实时监控，确保问题早发现、早处理，进一步降低运维成本、提高发电收益。

坚持综合利用，扶贫效益实现最大化

/ 金寨县梅山镇小南京村（鄢广明户）光伏扶贫电站板下养殖小龙虾

充分挖掘光伏扶贫电站各种资源，延伸收益链条，最大限度释放光伏扶贫电站综合效益。

一是光伏发电收益。通过分布式户用光伏扶贫电站，每户每年增收3 000元左右；通过联村光伏扶贫电站，按照"产权跟着股份走、分红随着贫困走"的原则，贫困户通过扶贫小额贷款或自筹资金入股5 000元，每年可分红3 000元，连续4年、稳定脱贫后退还本金。

二是土地流转收益。贫困户把承包的滩涂地和荒坡地作为光伏建设用地，流转给光伏扶贫电站和商业光伏电站，每亩每年可获得600元左右的土地流转收益。

三是就近务工收益。开发光伏电站管护公益岗位，优先选用附近贫困劳动力参与联村光伏扶贫电站设备看管、板面清洗等工作，每月可获得工资性收入500元；商业光伏电站建设期间和建成后，优先选用贫困户参与务工，每月可获得1 000元以上稳定的务工收入。

四是产业发展收益。利用光伏电站板下空地，大力发展板下经济，探索发展农业种植、药菌类栽培、养殖、苗木培育等产业，初步形成"农光互补、药光互补、养光互补、林光互补"等模式，引导贫困户通过发展板下经济获得生产性收益。

金寨县将进一步加强光伏扶贫电站运维管理，健全完善光伏扶贫收益分配机制，为坚决打赢脱贫攻坚战、全面建成小康社会奠定更加坚实的基础。

（照片拍摄：余江）

中共安徽省宿州市委组织部 突出机构创新，构建市县扶贫局、乡镇扶贫工作站、村扶贫工作室、驻村工作队、自然村扶贫小组五级组织体系。突出人才创新，"从优从众"选配自然村扶贫小组长、"从严从实"派驻驻村工作队、"从新从常"选派科技特派员，全方位增强扶贫力量。突出管理创新，利用大数据平台、常态暗访调研等方式，加强对驻村帮扶干部的管理。突出激励创新，开展"双争一创""十佳百优"评选，坚持扶贫优先用人导向，全市4名县区扶贫专职副书记、3名县区扶贫部门主要负责人、121名驻村帮扶干部得到提拔重用。选派脱贫攻坚第一书记、选配扶贫小组长等做法先后被中组部、国务院扶贫办推介，并在2018年5月召开的全国驻村帮扶工作座谈会上做经验介绍。

选强派优脱贫攻坚"领头雁"
为打赢脱贫攻坚战提供强力支撑

宿州市地处皖北集中连片特困地区，所辖四县一区中，砀山县、萧县、灵璧县、泗县均为国家级贫困县，埇桥区为省级贫困区。近年来，宿州市委组织部认真贯彻落实中央和省委、市委部署要求，把扶贫干部队伍建设作为精准脱贫、锻炼干部、建强基层的重要抓手，突出机构创新、人才创新、管理创新、关爱激励创新，选强派优脱贫攻坚"领头雁"，为打赢脱贫攻坚战提供强力支撑。中组部、国务院扶贫办先后以简报刊发宿州市选派脱贫攻坚第一书记、选配扶贫小组长等做法，省委主要负责同志批示向全省推广。2018年5月4日，宿州市在湖北省孝感市召开的全国驻村帮扶工作座谈会上做了经验介绍。

突出机构创新，构建五级组织体系，
着力把最优秀的干部选派到脱贫攻坚一线

坚持按需设岗，完善机构设置。通过各方努力，构建了市县扶贫局、乡镇扶贫工作站、村扶贫工作室、驻村工作队、自然村扶贫小组五级组织体系。

一是设立市县扶贫局。市本级将副县级建制的市扶贫办升格为正县级市扶贫局（市政府直属机构），增加机构编制，并从市直和县区选派2名县处级干部、12名年轻干部

/ 在宿州市坚决打赢脱贫攻坚翻身仗誓师大会上，第一书记代表参加授旗仪式

到市扶贫局挂职。市扶贫局人员由 10 人增加到 32 人。县区比照市级做法，设立县区扶贫局，全面充实县区扶贫部门力量。

二是增设专职扶贫副书记。为充实县区扶贫工作力量，市委组织部为各县区配置专职党委副书记，专抓扶贫工作。

三是设立乡镇扶贫工作站。各乡镇扶贫工作站明确 5～8 人专门从事扶贫工作，其中专职扶贫人员不少于 4 人。

四是配强村级扶贫专干。各行政村均配备 1～2 名懂电脑的扶贫专干，扶贫专干专职负责扶贫工作。

五是设立扶贫小组长。针对宿州市行政村合并后规模过大、人口过多、村干部人数偏少的现状，出台《关于做好自然村扶贫小组长配备管理工作的意见》，为全市 9 337 个自然村全部配备 1 名扶贫小组长，真正打通了脱贫攻坚的"神经末梢"。

六是率先选派县处级驻村工作队队长。2015 年，宿州市在全省率先选派 359 名县处级以上党员领导干部到建档立卡贫困村担任脱贫攻坚第一书记。2017 年 4 月，对原选派的"脱贫攻坚第一书记"进行调整，按照 1 名县处级党员领导干部任贫困村第一书记（扶贫工作队队长）、2 名科级及以下干部任扶贫工作队副队长和扶贫专干的要求，调整充实 219 个未出列贫困村的扶贫工作队。2017 年 9 月，又为全市 873 个非贫困村分别选派 1 名科级扶贫工作队队长、1 名扶贫专干，任期均到 2020 年，实现村级选派帮扶力量全覆盖。

突出人才创新，走好走实群众路线，着力把最广泛的力量充实到脱贫攻坚一线

坚持人岗匹配，精准选配人才。

一是"从优从众"推选扶贫小组长。在明确规定村"两委"成员等其他在职人员不得兼任扶贫小组长的基础上，组织自然村党员和群众代表，按照"乐于奉献、办事公道、群众公认"的标准，推选产生本自然村扶贫小组长初步人选。村党组织和驻村扶贫工作队组成联合考察组对初步人选进行全面考察了解，同步征求乡镇纪检、组织部门意见，经村"两委"研究后，综合提出所辖自然村扶贫小组长建议人选，由乡镇党委审定后上报。县区组织和扶贫部门全程做好跟踪指导，对乡镇报送的扶贫小组长人选进行认真审核把关。

二是"从严从实"选派驻村工作队。按照政治过硬、能力过硬、廉洁过硬、熟悉农村工作等标准，市县乡逐级审核把关、逐人分析研判，确保精准选派最优秀的机关、企事业单位干部。在选派过程中，对工作不能胜任的选派干部及时予以召回，先后有39人被"退回"、17个单位"一把手"被约谈通报。每个驻村扶贫工作队队长、扶贫工作队副队长、扶贫专干基本为同一单位或同一系统人员，最大限度发挥"1+1+1＞3"的效应。

三是"从新从常"选派科技人才。采取"科技特派员＋龙头企业＋基地＋贫困户""科技人员＋农业专业协会（基地）＋贫困户""科技人员＋家庭农场＋贫困户"等形式，选派科技人员对所有有需求的企业、协会、家庭农场、合作社等进行科技帮扶全覆盖。2017年，通过科技扶贫，全市共惠及农户9 160户，引进新品种46个，推广新技术96项，引进项目22个，引进资金1.2亿元，培养技术骨干4 700余人，帮助企业、农户增收0.97亿元。

/ 宿州市召开全市第六批选派帮扶工作总结表彰暨第七批选派帮扶工作动员会

/ 宿州市委书记史翔（右）会见全市优秀选派帮扶干部标兵

突出管理创新，引导推动帮扶自觉，
着力把最严实的作风融入脱贫攻坚一线

一是充分利用大数据平台。率先建立"抓党建促脱贫"移动纪实系统，对选派帮扶干部工作开展情况进行实时动态管理、问题即时提醒。建设精准扶贫大数据平台和指挥调度系统，实现对每一个单位、每一名包保干部的精细化管理，对包保帮扶不到位的及时提醒督促，对各项扶贫数据、信息及时进行筛选归纳、形成分析报告，实现扶贫工作管理模式的重大革新。

二是逐人建立扶贫档案。给选派帮扶干部逐人建立扶贫档案，将与选派帮扶干部相关的驻村工作制度落实、在岗在位、工作推进、教育培训及党风廉政建设、年度（任期）考核、上级领导评价和奖惩等情况纳入干部个人扶贫档案内容之中，实行工作全程留痕、表现动态记录、逐月更新维护，将其作为干部奖惩使用的重要依据，进一步压实驻村责任。

三是任前严格审核测试。为提高扶贫工作实绩在干部提拔使用中的考核比重，明确要求县处级干部提拔前必须经过市扶贫局审核把关，详细核查涉及扶贫的任务完成情况，在提拔使用干部考核材料中必须有扶贫工作考察内容，对扶贫工作不力的一律不予提拔。新提拔使用干部在常委会议研究前要进行扶贫业务知识测试，并在常委会上通报测试成绩。

四是常态开展暗访调研。出台《贫困村、非贫困村选派帮扶干部管理考核办法》《选派第一书记（驻村扶贫工作队队长）责任清单》等系列制度文件，进一步明确选派帮扶干部工作职责、驻村要求、管理制度、工作考核、激励保障和召回调整等工作机制。适时开展实地暗访、随机入户走访工作，逐县区、逐人反馈，相关情况记入个人档案，倒逼扶贫工作队和选派帮扶干部尽职尽责。每两个月，由市委领导带队，采取"不发通知、不打招呼、一竿到底"的方式，对各地扶贫工作进行实地暗访，调度问责，全力推动脱贫攻坚工作开展。

突出关爱激励创新，让吃苦者不吃亏，着力把最鲜明的导向体现到脱贫攻坚一线

一是树立鲜明导向。树立优先选拔使用扶贫干部的鲜明导向，在同等条件下优先选拔重用有扶贫工作经历的干部，优先评聘职称、晋升职级，明确驻村工作任期考核为"优秀"等次的和扶贫一线工作出色的，纳入后备干部人选，并及时提拔重用；任期考核为"称职"等次的，同等条件下优先提拔重用。第六批选派帮扶干部任期考核结束后，市委组织部逐一发函征求市直单位选派干部使用意向，对中省直单位、垂直管理部门驻宿州市单位选派干部做出工作鉴定，发函提出使用参考意见，同步督促县区统筹做好本级选派干部使用工作。截至2018年6月，全市5名专职党委副书记中有4名被提拔担任正处级职务，5名县区扶贫部门主要负责人中有3名被提拔，先后有121名选派的帮扶干部在扶贫一线被提拔重用，86名选派帮扶干部挂任乡镇领导班子职务，9 337名自然村扶贫小组长中有898名被列为入党积极分子、1 222名被作为村级后备干部培养、639名被选为2018年村"两委"干部。

/ 萧县孙圩子乡马庄村自然村扶贫小组长在村开展遍访贫困户活动

二是强化激励表彰。结合中

央和省委新要求新精神，出台《关于加强选派脱贫攻坚一线干部队伍建设的意见》，进一步明确脱贫攻坚一线干部队伍的管理、考核、奖惩、使用等工作。开展脱贫攻坚"双争一创"暨"十佳百优"评选活动，评选表彰2017年度脱贫攻坚"双争一创""十佳百优"先进集体140个和先进个人110名，充分调动扶贫干部工作积极性。

三是注重关心关怀。选派帮扶干部驻村任职期间，享受原单位同级人员同等待遇，市财政为未出列的贫困村驻村扶贫工作队增拨5万元工作经费，确保选派帮扶干部有钱办事、有事能办。妥善安排选派帮扶干部在村食宿、生活和交通补助等各类保障，确保选派帮扶干部安身驻村、安心帮扶。出台《宿州市选派单位履行职责考核办法》，实行选派单位与选派帮扶干部项目、资金、责任"三个捆绑"，加强对选派帮扶各类资金的管理使用、项目立项等全程服务指导。选派帮扶单位主要负责人定期带队深入选派帮扶村走访调研，看望慰问帮扶干部；市县选派工作领导小组每半年召开1次会议研究工作、交流做法，解决驻村工作队工作中遇到的困难与问题。自然村扶贫小组长聘期3年，聘期内享受的工作补助和绩效补助由市县两级财政按照3∶7比例配套共担，其中生活补助每人每月300元，绩效补助每人每年平均6 400元。

通过近年来持续加强驻村帮扶队伍建设，广大驻村帮扶干部用双脚丈量民情、用行动排解民忧，其"领头雁""桥头堡"的作用得到有效发挥，脱贫攻坚工作取得了明显进展，涌现出了全国脱贫攻坚奖奋进奖获得者李娟、"中国好人"闫秀琴等一批精准脱贫典型。

（照片拍摄：程凯　王刚）

福建省宁德市寿宁县下党乡 始终牢记习近平总书记"三进下党"的殷切嘱托，以讲好"下党故事"为核心，着力塑造"清新福建、难忘下党"红色旅游品牌，成为福建省三大党性教育教学基地之一。植入消费式扶贫理念、推出中国首个扶贫定制茶园，其模式做法被列入国务院扶贫办精选推广的 12 个典型案例中，受到中央领导和各大主流媒体的关注。深化"四下基层"工作理念，创立"下乡的味道"品牌，探索形成党建促扶贫、定制促扶贫、品牌促扶贫、旅游促扶贫、金融促扶贫"五种扶贫模式"，使昔日的穷乡僻壤变成远近闻名的生态红色旅游小镇。全乡农民人均可支配收入从 1988 年的 186 元增长至 2018 年的 13 066 元，全乡 121 户贫困户 500 人基本实现脱贫。

更新观念　拓展思路
探索"定制茶园"造血式扶贫新路子

下党乡位于寿宁县西部，是宁德市最迟建乡的 4 个乡镇之一，下辖 10 个行政村，8 000 多人，全乡有贫困户 121 户 500 人，到 2018 年已基本脱贫。近年来，下党乡党委、政府大力弘扬习近平总书记"三进下党"树立的好思想好传统好作风，牢记习近平总书记"下党的发展要靠'做'功，而不是'唱'功"的殷切嘱托，团结带领全乡干部群众，因地制宜做好茶叶文章，探索"定制茶园"造血式扶贫新路子。2018 年，下党乡农业总产值 1.2 亿元，村民人均可支配收入增加到 13 066 元。"只卖茶园不卖茶"的扶贫定制新模式，被国务院扶贫办列为全国 12 个精准扶贫典型案例之一，受到中央领导关注，中央电视台、《人民日报》《光明日报》等媒体对下党乡的创新做法

/ 江苏万顺机电集团在下党乡的定制茶园

也进行了深度报道。扶贫定制茶园是下党乡精准扶贫精准脱贫道路上的一面旗帜，同时也是下党乡党委、政府在扶贫领域的一次富有成效的探索。

首个扶贫定制茶园的诞生

下党乡于 1987 年 8 月获批设乡，1987 年 12 月 15 日正式挂牌办公。20 世纪 80 年代，下党乡是省级特定贫困乡，是宁德地区 4 个特困乡之一，也是全省唯一的"五无乡"——无公路、无自来水、无电灯照明、无财政收入、无政府办公场所。"九山半水半分田"，群众生活极其艰辛困苦，人们梦想着"走出大山，摆脱贫困"。没有公路，生产、生活全靠肩挑背驮；没有电灯，农户家里就用火篾、油盏，真可谓"朝迎山村风寒，夜伴泥瓷灯盏"。当时全乡人均年收入不到 200 元。

下党乡是典型的农业乡，"地无三尺平"，农业产业分散、规模小是长期困扰下党乡脱贫致富的重要因素，然而丰富多样的农业资源也是下党乡实现脱贫的希望之一。下党乡党委、政府深刻认识到转变农业发展模式、提升发展质量的紧迫性。自 2013 年以来，下党乡党委、政府先后扶持发展了茶叶、锥栗、脐橙、猕猴桃等多个农业产业，其中，首以茶叶为重。

下党乡现有茶园 6 080 亩，几乎每家每户都有茶园。高山云雾缭绕，空气及土壤等生产环境优越，造就了叶厚、形美、耐泡、香高、味醇的好品质茶叶。但因地处偏

/ 下党村扶贫定制茶园分布图

/ 文体活动进下党乡

僻、交通闭塞、信息不畅,下党乡生产的茶青均价每斤仅为2元多,严重影响了茶农的增收。乡党委、政府意识到,要增加农民收入必须先解决茶叶增收难题,唱好"山歌"必须先唱好"茶业歌"。

乡党委、政府的发展思路与省委组织部下派干部的思路一拍即合。在省委组织部下派干部的努力下,下党乡策划实施了中国第一个扶贫定制茶园"下乡的味道"项目,植入"消费扶贫"理念,整合原来一家一户零散茶园,推出600亩扶贫定制茶园,以"每亩茶园年租金2万元"的形式,面向全国招募爱心茶园主定制茶园,实现了变卖茶叶为卖茶园的转变。由此诞生了中国第一个扶贫定制茶园。截至2018年6月,已经有300多亩茶园找到茶园主。通过参与这个项目,茶园主每年每亩可获得春、秋两季总计100斤生态茶叶回报,茶农每年每亩茶园可增收约4 000元。

村企共建变村民为股东

过去,下党乡的茶叶加工厂较少,茶青只能贱卖给外来的茶贩,由于茶农收入不高,影响了种茶积极性,致使一些茶园被抛荒、失管。如何提高茶农种植茶叶的积极性和主动性是发展扶贫定制茶园模式的关键。为破解这一困境,乡党委、政府多方征求意见,并派员外出考察学习,经过多方论证,最终确定在下党村实施"党支部+公司+合作社+农户"的运营模式。

一是以下党村党支部为领导核心，成立梦之乡农业综合开发有限公司，组建蓉党茶叶种植专业合作社，吸纳全村茶农，实现党支部、公司、合作社、茶农的无缝对接。同时，乡党委、政府为实现收益最大化，引进股份制合作理念。梦之乡公司采用股份制结构，下党村集体持有20%的股份，管理者和经营者拥有60%的股份，村民占有20%的股份。

二是乡党委、政府扶持梦之乡公司，投入180多万元，建设1 600多平方米的标准化厂房，并聘请职业经理人制定茶叶生产标准化管理流程，确保茶叶品质达到国家食品生产许可标准。

三是在省人行、农行、信用联社等金融部门的支持下，下党村发放了全省第一张为贫困户量身打造、额度为5万元的精准扶贫卡，帮助贫困户发展茶叶种植项目。2017年，茶青每斤从原来的2.4元增加到10元、茶园收入从每亩2 000多元增加到6 000元，31户贫困户因此脱贫，其中26户盖了新房。

打造"下乡的味道"品牌

为进一步挖掘下党生态农产品附加值,下党乡以"下乡去,尝尝下乡的味道"为广告语,致力打造"下乡的味道"品牌。

一是聘请职业经理人制定茶叶生产标准化管理流程,并严格执行流程,确保茶叶品质达到国家有关许可标准。

二是开发可视化系统和产品可追溯系统。茶园主借助互联网技术,通过手机 App 可随时查看茶园种植管理情况,了解从生产加工到包装甚至到物流的每个环节,从而让消费者真正喝上放心茶。

三是依托福建省农业科学院茶叶研究所的技术力量,村集体每年投入 10 多万元,对茶园土壤进行改良和微生物防抗虫,从源头上提高茶青的品质和产量。

四是运用"互联网+TV"党媒精准扶贫模式,在广电网络和省、市、县电视台等重要媒体,以及厦门机场、福州机场等重点部位,全方位宣传"下乡的味道"等产品品牌。2017 年,"下乡的味道"生态农产品进驻永辉超市等中高端销售平台,销售额达 800 多万元。

下党村古村全景图

/ 下党乡古村建筑

打通产品进城"最后一公里"

"那个地方怕养肥猪,都是深山,抬不下去",这是下党乡农副产品流通不畅的真实写照。为了使下党乡的生态农副产品卖得出、卖得好,驻村干部发挥各方资源优势,大力拓展销售渠道。

一是建设扶贫定制农产品O2O平台,通过"互联网+",将贫困村的产业扶贫与大众消费需求有效对接,实现其他农产品扶贫开发模式、销售模式的科学复制。

二是利用福建广电网络集团的电视云商城、微商城和淘宝、京东、有机厨房网等专业平台,帮助蓉党茶叶种植专业合作社建立线上销售网络。

三是引入天津南开大学"农梦成真"销售团队和广州、南京等地专业互联网营销团队,帮助蓉党茶叶种植专业合作社建立微信销售平台。

(照片拍摄:龚健 卓任蔚)

江西省吉安市井冈山市 始终牢记习近平总书记"井冈山要在脱贫攻坚中作示范、带好头"的殷切嘱托，大力弘扬井冈山精神，以敢为天下先的勇气和担当，坚决打赢脱贫攻坚战。创新"三卡识别、四卡合一、三表公开"，实现了精准对象、精准管理、精准脱贫；创新"五个起来"模式，实现了家家有产业、个个有收益、人人有保障、户户有其屋、村村有变化；创新资金投入、考核导向和纪律监督三项机制，为脱贫攻坚加足了马力；创新"四个全覆盖"举措，做到脱贫不止步，致富奔小康，继续在贫困市县全面奔小康的征程中作示范、带好头。井冈山市用改革思维和创新办法推进精准脱贫的工作法，入选 2017 年中国改革年度十大案例。2017 年 2 月 26 日井冈山市宣布脱贫摘帽，成为我国贫困退出机制建立后率先脱贫摘帽的贫困县。

全国脱贫攻坚奖组织创新奖

不忘初心　感恩奋进
率先脱贫　共奔小康

近年来，井冈山市始终牢记习近平总书记"井冈山要在脱贫攻坚中作示范、带好头"的殷切嘱托，深入学习贯彻习近平总书记关于扶贫工作的重要论述，大力弘扬井冈山精神，创新"三卡识别""五个起来""四个全覆盖"以及三项落实机制，坚决打赢脱贫攻坚战。2017 年 2 月 26 日，井冈山市宣布脱贫摘帽，成为我国贫困退出机制建立后率先脱贫摘帽的贫困县。井冈山市用改革思维和创新办法推进精准脱贫的工作法，入选 2017 年中国改革年度十大案例。

围绕"扶持谁"，创新"三卡识别"方法，做到识别上的精准

在江西省首创"三卡识别"办法和"四卡合一""三表公开"动态管理机制，精准"号对脉"，找准发力点。

一是"三卡识别"，实现"扶"得精准。创新实施红卡（特困户）、蓝卡（一般贫困户）、黄卡（2014 年已脱贫贫困户）三卡识别办法，以"村内最穷、乡镇平衡、市级把关、群众公认"为原则，以"一访、二榜、三会、四议、五核"为办法，严格"五类人员"管理，精确"扫描"每一户贫困户。共识别出贫困户 4 638 户 16 934 人，其中红卡户 1 483 户 5 014 人、蓝卡户 2 218 户 7 787 人、黄卡户 937 户 4 133 人。

/ 井冈山市委书记刘洪（右一）了解下七乡沃土胜境公司带动脱贫效果

二是"四卡合一"，实现"管"得清楚。在全省率先建立市、乡、村三级一体的精准扶贫大数据管理平台，精确掌握每一户贫困户信息。将贫困户档案卡分为贫困户基本信息卡、帮扶工作记录卡、脱贫政策明白卡、贫困户收益卡，"四卡合一"动态管理，及时更新贫困信息。

三是"三表公开"，实现"脱"得透明。针对红、蓝、黄卡户，统一印制《贫困户收益确认公示表》，登记每一项现金收入，经贫困户签字确认后公示公开，使贫困户收入清清楚楚，做到该扶则扶、应退则退。

围绕"怎么扶"，创新"五个起来"模式，做到帮扶上的精准

围绕"两不愁、三保障"目标，分类施策，确保扶到点上、扶到根上。

一是"有能力"的"扶起来"，实现家家有产业。大力实施"一户一块茶园、一户一块竹林、一户一块果园、一户一人务工"的"四个一"产业扶贫模式，确保家家有一个致富产业，户户有一份产业收入。截至 2018 年 6 月，共投入产业扶贫资金 17 888 万元，茶竹果产业面积达 29.42 万亩，覆盖贫困户 4 617 户，户均年增收 7 500 元。

二是"扶不了"的"带起来"，实现个个有收益。每个乡镇建立一个产业示范基地，每个村建立一个产业合作社，吸纳贫困户入社或以资金、土地等形式入股参与产业发展。截至 2018 年 6 月，全市产业扶贫合作社达 117 个，实现贫困户入社率 90%。

三是"带不了"的"保起来"，实现人人有保障。对完全丧失劳动能力的特困户，在落实国家普惠性政策的基础上，本级财政自筹资金，叠加实施差异化保障政策。截至 2018 年 6 月，已累计发放贫困户低保金 5 550 万元，红卡户人均每年享有 4 080 元收入。

四是"住不了"的"建起来"，实现户户有其屋。实行拆旧建新、维修加固、移民搬迁、政府代建 4 种安居建房模式。2016 年，共投入财政资金近 8 000 万元用于维修拆除危旧土坯房 6 718 栋、新建 1 802 栋，解决了包括非贫困户在内的一大批群众住房难题。

五是"建好了"的"靓起来",实现村村有变化。开展消灭撂荒土地、发展致富产业,消灭危旧土坯房、建设美丽乡村的"两消"专项行动,累计整合涉农扶贫资金近12亿元,实施4 152个项目,全面完成了563个自然村的美丽乡村建设。

围绕"可持续",创新"四个全覆盖"举措,做到长效上的精准

不只求摘帽的"过关",更求长远的"过硬"。探索巩固脱贫成效新举措,做到脱贫不止步,致富奔小康。

一是坚持产业为根,着力推进产业增收全覆盖——确保收入上的可持续。继续推行"四个一"产业模式,大力发展"231"茶竹果富民产业,确保家家有致富产业。探索工业"新定位"。推进"一园四区"建设,推动电子信息、食品加工、竹木加工、陶瓷创意等四大产业集聚发展。挖掘生态"好钱景"。按照"全域旅游、全景井冈"发展理念,做大旅游经济,并探索新业态新模式,涌现了拿山农旅深度融合发展模式,柏露全域旅游模式,茅坪、新城"231"致富产业带动模式,刘家坪业态转换模式,光伏产业村组户全域共享模式等带动群众增收致富的典型模式。打造新型"动力源"。实施"1+4"产业经济,通过旅游经济发展,带动总部经济、电商经济、会展经济、休闲经济的发展,不断培植产业发展新动能。

二是坚持立志为本,着力推进能力提升全覆盖——确保精神上的可持续。坚持群众主体地位,帮助群众强志气、树信心、提能力。坚持精神引领。讲好红色故事,让人民群众从井冈山精神中汲取信念和力量,凝聚致富奔小康的强大合力。坚持"志技智"三扶。在"扶志"上,变现金救助为产业奖补,在产业发展、进城务工、自主创业等方面给予重点扶持,激发贫困群众脱贫致富内生动力。在"扶技"上,开展农业技术、职业教育、产业创新等培训,提高群众致富本领。在"扶智"上,对贫困户子女从幼儿园到大学实施一系列帮扶政策,消除贫困代际传递。坚持示范带动。挖掘致富奔小康典型事例,通过组织干部群众对贫困户进行评议,评选"模范脱贫人",用身边典型引领、激发群众脱贫致富。

三是坚持机制为要,着力推进兜底保障全覆盖——确保保障上的可持续。创新兜底机制、进退机制、帮扶机制三大机制,巩固脱贫成效,确保小康路上一个不掉队。创新兜底机制,确保不掉队、全覆盖。全面推进社保、健康、教育、住房四大兜底保障。社保兜底,扩面提标,提高保障标准。对1 938名红卡低保人员,每月提标60元;把剩余3 076名红卡人员,全部纳入市级低保,每人每月发放120元,实现低保人员年收入4 080元,牢牢兜住贫困底线。健康兜底,降提结合,织牢健康防线。取消贫困人口县、乡住院补偿的起付线,降低省以上住院的起付线;提高贫困人口住院的医疗费报销比例,把报销比例提高到90%以上。教育兜底,免补并举,拓宽受益范围。实行贫

困子女学前到大学一揽子减免、补助政策，进一步提高补助标准，让所有孩子都能上得起学。住房兜底，优化安居环境，做到安全舒适。在2016年完成6 718栋农村危旧土坯房除险加固的基础上，对所有贫困户住房进行"回头看"，彻底解决住房难问题。创新进退机制，确保进得来、出得去。不搞"贫困终身制"，创新脱贫再识别办法。推行"五道程序"，确保进入精准。按照"一访、二榜、三会、四议、五核"程序，进行再识别、再核实，2017年新识别贫困户44户139人，2018年新识别贫困户9户28人。实施"三个步骤"，确保退出精准。通过乡镇预审、市级核查、上级预检等步骤，达标一户、验收一户、脱贫一户，2017年脱贫372户1 009人。实行"三级联动"，确保过程精准。通过市、乡、村三级联动，实施精细化管理，做到公开透明、公平公正。创新帮扶机制，确保帮到点、扶到根。明确三级书记抓扶贫，党政同责促脱贫，全市上下齐攻坚，建立健全三大帮扶机制。实施"321"党员帮扶机制。全市3 000多名党员干部人人参与脱贫巩固提升工作，做到"乡乡都有扶贫团，村村都有帮扶队，户户都有帮扶责任人"。创新差异化帮扶机制，通过资金、项目、技术、产业等政策倾斜，做到帮扶时间、资金、力量、措施的差异化，实现贫困村与非贫困村、贫困户与非贫困户共奔

小康。构建合力攻坚社会帮扶机制。争取各级各界支持，构建长期立体帮扶格局，形成全市上下合力攻坚大格局。

四是坚持党建为基，着力推进党建引领全覆盖——确保力量上的可持续。坚持党建引领，群众主体，实现小康路上党旗扬、动力足。突出组织引领，建强致富火车头。推进资源要素向基层倾斜，每个乡镇增加30万元转移支付，每个村增加3万元转移支付，帮助基层党组织实现自我提升。突出党员示范，打造"不走的扶贫工作队"。实施"领头雁"工程，培养壮大本土帮带力量，90多位致富能手进入村"两委"班子。

围绕"能落实"，创新三项机制，做到力量上的精准

创新资金投入、考核导向和纪律监督机制，解决贫困程度深、脱贫难度大、本级财力有限、力量不够等难题。

一是创新资金投入机制，解决"缺资金"问题。坚持大扶贫格局，形成"多个渠道引水、一个龙头放水"的扶贫资金投入新格局。对上，加大争资争项力度，统筹整合中央、省、市财政涉农扶贫资金2.59亿元。对内，加大资金投入力度，每年从旅游门票

井冈山市新城区

/ 井冈山游客服务中心

收入、土地出让金中各切出10%，筹措2 000万元以上的特殊扶贫基金。对外，加大资源统筹力度，累计争取到原南京军区"三联"单位、华润集团、江铜集团等支持的帮扶项目资金10亿多元。

二是创新考核导向机制，解决"给足力"问题。提高脱贫工作考核权重，把促进贫困村经济发展、减少农村贫困人口、提高农村居民人均可支配收入等作为重要考核内容。

三是创新纪律监督机制，解决"强作风"问题。创新脱贫"三大纪律"。严守政治纪律，引导党员干部树立正确的脱贫政绩观，杜绝虚假脱贫、数字脱贫；严守群众纪律，自带被褥、自带干粮驻村帮扶，决不增加群众负担；严守经济纪律，紧盯扶贫资金使用，让每一分钱都用在刀刃上。

（照片提供：罗相兰）

山东省临沂市扶贫开发领导小组办公室 针对扶贫资金怎么管、怎么用、怎么惠及更多贫困群众问题，探索创新，建立了以"四权分置"为核心的扶贫资金资产管理机制，有效促进了扶贫资金资产保值增值、循环利用、安全运行。明确扶贫资产所有权归村集体，对13.25亿元扶贫帮扶资金所形成的经营性资产，全部确权到村，颁发扶贫资产所有权证，明确产权归属。放活经营权归承包户，采取公开竞标方式，对3 174个扶贫资产项目进行发包出租，明确资产管理责任、运营权益等，确保经营安全。保障受益权归贫困户，对扶贫资产收益权量化处置，70%以上的资产收益用于帮扶贫困户，惠及23.28万户贫困户45.68万人次，两年减贫43.3万人。落实监管权归镇政府，将扶贫资产统一纳入"三资"管理平台，进行实时监管。

"四权分置"让扶贫资金资产循环利用起来

三年投入资金13.25亿元，实施产业扶贫项目3 174个，涉及建档立卡贫困户23.28万户45.68万人次。大量的扶贫投入形成的扶贫资产，不能变成"一锤子买卖"，怎么才能管好、用好，让其持续发挥作用，保障贫困群众长期稳定受益？也就是，扶贫

/ 临沂市扶贫资产"四权分置"示意图

资产所有权归谁，才能更安全？交给谁经营，怎么来经营，效益才能有保障？如何分配，分配多少，才能更合理？由谁去监管，怎样去监管，才能确保不流失？这些一直是临沂市扶贫开发领导小组办公室（简称临沂市扶贫办）思考和探索的问题。

临沂市是革命老区，也是山东省脱贫攻坚重点市，贫困人口占全省的1/6。临沂市扶贫办始终牢记习近平总书记2013年视察临沂时作出的"要紧紧拉住老区人民的手，决不让他们在全面建成小康社会进程中掉队"重要指示，扎实推进精准扶贫精准脱贫，边摸索边总结，边实践边规范，逐步探索建立了以"四权分置"为核心的扶贫资金资产管理长效机制——所有权归村集体、经营权归承包户、收益权归贫困户、监管权归镇政府，走出了一条产权明晰、循环使用、收益稳定的新路子，为打赢新时期脱贫攻坚战提供了坚强支撑。

截至2018年6月，临沂市对13.25亿元扶贫帮扶资金所形成的经营性资产，全部确权到村，颁发了扶贫资产所有权证；对3 174个扶贫资产项目采取公开竞标方式，由1 269个能人大户和龙头企业负责经营。几年来取得收益2.38亿元，惠及23.28万户贫困户。对临沂市推进扶贫资金循环使用的做法，中央有关领导同志3次给予批示肯定，山东省扶贫办联合省财政厅、农业厅总结临沂经验，制定出台《关于做好资产收益扶贫工作的意见》，国务院扶贫办综合司予以转发，在全国推广。

明确所有权——把扶贫资产放进集体篮子里

明确产权归属是加强资产管理的前提。临沂市扶贫办将各级财政专项扶贫资金、各类涉农资金、社会各界帮扶资金用于产业扶贫发展所形成的经营性资产界定为扶贫资产，除有明确指向的，其所有权都归村集体所有，向村集体颁发扶贫资产所有权证，让每一笔资产都有"身份证"。截至2018年6月，全市5 153个项目所在村的扶贫资产所有权证均已颁发到位。兰山区汪沟镇整合各村专项扶贫、企业援建、第一书记帮扶等资金1 916万元，以镇为单位集中建设了冬暖式大棚67个、简易拱棚4个、蘑菇养殖棚5个、茶叶种植棚2个、光伏发电站2处、莲藕种植田110亩。对这些扶贫项目所形成的资产，均颁发了扶贫资产所有权证，明确产权归项目所在村所有。郯城县将1 000万元财政专项扶贫资金投资到天沐温泉扶贫开发项目中，从全县倒排出500户特困户，明确每户特困户享受该项目的投资收益分红，仅此一项可使每户特困户年均增收2 000元左右。

放活经营权——让最能挣钱的人去用钱

放活资产的经营权，参与市场化竞争，是提高产业项目质效、拓宽增收脱贫渠道

/ 临沂市费县老君崖村实施"四联八建"贫困村提升工程,提升贫困村公共服务水平

全国脱贫攻坚奖组织创新奖

的关键之举。临沂市扶贫办指导村集体立足当地资源,注重发挥农业龙头企业、专业合作社、家庭农场等农村新型经营主体的生产经营优势,确保项目资产保值增值、提质增效。先后培育蒙阴蜜桃、平邑金银花、郯城银杏等特色产业基地 16 个,新发展果蔬大棚 3.2 万个,建设扶贫车间 1 409 个、电商扶贫网点 790 个,为贫困群众稳定脱贫提供了良好的产业发展基础。

一是村级自主经营。村集体牵头领办,创办专业合作社、农业服务公司等经营实体,对形成的资源资产进行统一经营,经营收益用于村集体和贫困户增收。兰陵县矿坑镇依托兰陵蔬菜大县的市场优势,利用扶贫资金集中建设冬暖式蔬菜大棚 25 个,组织成立蔬菜种植合作社,自主发展无公害蔬菜种植,先后带动周边 12 个村的 722 户贫困户 1 214 人增收脱贫。

二是入股合作经营。借助现代农业园区、田园综合体等经营主体带动作用强、示范效果好的优势,通过合作经营、委托管理、入股分红等方式,实现业态互补、合作共赢。沂南县马牧池乡新立村旅游资源丰富,与沂蒙红色影视基地开展"村企共建",入股合作开发乡村休闲旅游度假项目,带动村集体增收 50 多万元,周边 132 户贫困户实现脱贫。

三是招标出租经营。采取公开竞标的方式，对扶贫车间、厂房店铺等扶贫资产面向社会发包出租，每年获得稳定租赁收入。沂水县沙沟镇集中整合各村扶贫资金400万元，到青岛保税区沂水功能区"飞地"建设占地30亩的高标准扶贫车间，招引企业到园区租赁车间进行生产经营，每年都有32万元以上的稳定收入。

保障收益权——让最需要的人能受益

收益分配足额、及时、到位是扶贫资产发挥减贫增收作用的重要保障。把收益分给谁？怎么分？临沂市扶贫办坚持从实际出发，尊重市场规律，制定了一系列标准规范。

分给谁？扶贫资产承包出租、折股量化、入股合作经营等实现的收益，70%以上用于帮扶建档立卡贫困户，其余的用于发展村内公益事业。分配重点向没有劳动能力的老弱病残贫困户倾斜。对于有劳动能力的贫困户，通过设立村内公益岗位让其就业增收。沂南县东铁峪村将联村光伏发电项目收益的70%用于帮扶贫困群众，他们改变以往直接发钱的方式，通过设置治安调解、护林防火、光伏养护等公益服务岗位，吸

/ 临沂市沂南县旅游扶贫项目朱家林村乡村生活美学馆，挖掘乡村生态和民俗资源，引领乡村美学经济

纳13名贫困群众就业，实现人均月增收642元。沂水县沙沟镇梓椤峪村贫困户陆安富一家4口人，自己有残疾，孩子瘫痪在床。村里发给他扶贫项目收益分红4 000多元，他用这笔钱买了8只母山羊，两年之后繁衍了30多只山羊。陆安富说："每只羊按80斤算，1斤13元，每只羊就能卖1 000多元！"

怎么分？按致贫原因、贫困程度、劳动能力等情况进行分类分档，建立收益滚动使用、差异化分配机制，拉开分配级差，因户因贫精准分配。同时，针对贫困户中突发天灾人祸的特困群体，经村集体研究，从收益或村集体收入中列支部分资金用于二次分配，确保一次分配精准、二次分配公平。平邑县丰阳镇按照差异化分配原则，将贫困户划分为特困户、临界返贫户、一般贫困户三类，将项目收益相应按照人均1 242元、828元、414元进行差异化分配，提高了分配的精准度，体现了公平性。

落实监管权——让每一分钱都在阳光下运行

为确保扶贫资金资产安全，临沂市扶贫办将资金资产监管权下放至镇村，实行资产统管、平台统揽、村账统审管理，确保扶贫资金管住不流失、管活提效益，防止"跑冒滴漏"。

一是镇级统管。明确乡镇政府作为扶贫资金资产的管理主体，乡镇经管站具体承担扶贫资产的监督管理，建立资产登记管理台账，全面监控资产增减变动、运营收益等情况，做到专户储存、专人管理、专账核算，实现"村财镇管"。

/ 临沂市兰陵县慈善扶贫超市

二是平台统揽。将扶贫资产全部纳入农业经管部门"三资"管理平台,随时掌握扶贫对象动态调整、项目进度、资产收益分配等信息,做到"一网清、时时清、事事清"。临沂市所有扶贫资产已全面实现平台化监管。

三是村账统审。在全市568个扶贫工作重点村中,组建由老干部、老党员、致富能人、贫困户和村民代表组成的扶贫理事会,认真履行服务协调、监督建议等"第三方"职责,对扶贫资产的权属登记、经营管理、收益分配等环节进行民主监督,让"群众的事情群众办、大家的事情大家管",确保扶贫资产运营全过程阳光透明、公平公正。

"四权分置"模式是临沂市扶贫办改革创新的一个缩影。在推进脱贫攻坚过程中,临沂市扶贫办大力弘扬沂蒙精神,以"功成不必在我、创业必须有我"的精神境界,坚持创新无止境、改革不停步,组织实施"百千万"沂蒙老区脱贫攻坚行动和"双16"推进计划,探索推进"四联八建"贫困村提升工程,创新开展"三问三清""四看四查""五帮五促"等专项活动,形成了"一村多业、一户多策、一人多岗"的扶贫模式,锻造出了一支政治过硬、敢于担当、勇于创新、真抓实干的"沂蒙扶贫铁军",为山东脱贫攻坚提供了临沂方案、沂蒙智慧。2016—2017年共减贫43.3万人,贫困发生率由4.58%降至0.2%,连续两年获得全省考核"好"的等次。全国产业精准扶贫现场观摩会、中央和国家机关选派第一书记示范培训班、全省脱贫攻坚现场会等先后在临沂市举办。国务院扶贫办主要领导2017年7月到临沂市沂南县、费县调研时对临沂市光伏扶贫的经验做法,给予高度评价。

(照片提供:李文政)

河南省开封市兰考县 在 2014 年第二批党的群众路线教育实践活动中，向习近平总书记做出了"三年脱贫，七年小康"的庄严承诺。2014 年以来，兰考县按照习近平总书记"把强县和富民统一起来，把改革和发展结合起来，把城镇和乡村贯通起来"的指示精神，通过建立党政齐抓共管机制，把"以脱贫攻坚统揽经济社会发展全局"落到实处；通过开展"支部连支部"活动，把"六个精准"落到实处；通过改革创新破解关键制约，把"激发内生动力"落到实处；通过建强队伍树正导向，把"抓好党建促脱贫攻坚"落到实处。2016 年底全县贫困发生率由 2014 年的 10% 降至 1.27%，2017 年 2 月实现脱贫摘帽，如期实现"三年脱贫"。

全国脱贫攻坚奖组织创新奖

干字当头　精准发力
积极探索稳定脱贫可持续发展新路

在脱贫攻坚实践中，兰考坚持以习近平总书记关于扶贫工作的重要论述为指引，立足县域实际，建立党政齐抓共管机制，分类制定精准扶贫措施，不断深化改革创新，持续强化党建引领，走出了一条特色脱贫之路，成为全国第一批脱贫摘帽的国家级贫困县。

2014 年，兰考县委向习近平总书记做出了"三年脱贫，七年小康"的庄严承诺。多年来，兰考认真学习研究习近平总书记关于扶贫工作的重要论述，按照总书记调研兰考时提出的"把强县和富民统一起来，把改革和发展结合起来，把城镇和乡村贯通起来"的指示精神，以脱贫攻坚统揽经济社会发展全局，大力传承弘扬焦裕禄精神，开拓创新，精准发力，扎实有效推进脱贫攻坚，全县贫困人口由 2014 年的 23 275 户 77 350 人减少至 2016 年底的 3 511 户 7 046 人，贫困发生率由 10% 降至 1.27%，2017 年 2 月兰考县正式退出贫困县序列。兰考在脱贫攻坚实践中，探索出了可借鉴、可复制、可推广的经验做法，得到了党中央国务院、河南省委省政府以及社会各界的广泛认可。近年来，全国各地到兰考考察交流 1 400 余批次 5 万多人次，全国扶贫办主任会议、全国构树扶贫工程现场会、河南省扶贫干部培训班等在兰考举办。

四套班子齐上阵，脱贫攻坚揽全局

兰考在脱贫攻坚中深刻认识到，践行习近平总书记有关扶贫工作的重要论述，以

/ 2017年兰考县召开稳定脱贫奔小康誓师大会

脱贫攻坚统揽经济社会发展全局，必须要有一套完善的体制机制作为有力抓手。在实践中，兰考探索建立了主要领导亲自抓、副书记牵头总协调、所有常委明确分工、四套班子齐上阵的大扶贫工作机制，使脱贫攻坚没有旁观者，确保人人肩上有责任、个个身上有任务，带动形成了团结协作的全社会合力脱贫的攻坚格局。各分管领导各司其职、分类推进，紧扣供给侧结构性改革，形成家居制造、食品加工和战略性新兴产业3个主导产业，通过招大引强，突出龙头企业带动，逐步培育出具有兰考特色的产业体系，城乡统筹、一二三产融合发展的产业布局已基本形成。支持有产业发展能力的群众发展产业，帮助没有产业发展能力的群众在产业发展中稳定就业，鼓励没有稳定就业能力的群众自强自立、勤劳增收，已经成为全县上下的共识。紧扣新型城镇化，探索形成以中心城区为核心、以中心镇为重点、以一般乡镇为支点的新型城镇化发展路径，塑造了"拼搏、创新"的城市精神；城乡基础设施不断完善，公共服务水平不断提高，群众感受到了脱贫攻坚带来的新变化，主动参与发展的热情更加高涨。紧扣民生问题，围绕让改革发展成果更多更公平惠及全县群众，积极推进教育、医疗、养老等民生事业发展，着力构建公共服务体系，民生整体水平得到进一步提升；同时，通过解决群众关心的出行不畅、"守着黄河用不上黄河水"、非法加油加气站等具体民生问题，使群众对脱贫攻坚的认可度大幅提升。河南省委主要负责同志在省委全会上指出：兰考把抓好脱贫攻坚与推动经济社会发展结合起来，在首批脱贫摘帽、兑现"三年脱贫"承诺的同时，还带动了改革发展稳定和党的建设各项工作。

开展"支部连支部","六个精准"落实处

把"支部连支部"活动作为推动脱贫攻坚以及各项工作的组织架构和总抓手,调整优化县直和乡镇机关党支部,与农村(社区)党支部结对子开展帮扶,确保"六个精准"有效落实。围绕解决"扶持谁"的问题,抽调优秀扶贫干部,依据统一标准进行分类审核,集中将识别结果及时录入建档立卡信息系统,提高了档卡信息准确度;在全省率先开展标准化档案建设,规范乡村户三级档案体系,为精准施策提供了最基础的资料。围绕解决"谁来扶"的问题,在全县科级和后备干部中抽调345名优秀干部,进驻115个贫困村开展帮扶;在335个非贫困村明确一名乡镇优秀干部专职从事基层党建和扶贫工作,确保贫困村和非贫困村驻村全覆盖;针对驻村队员能力不均衡问题,不断强化全员培训,采取信息化手段,一竿子插到底,确保基层队员掌握技能不打折扣,尽可能避免层层传达带来的执行力层层递减情况。围绕解决"怎么扶"的问题,探索建立了专项扶贫、行业扶贫、社会扶贫"三位一体"的大扶贫格局。在专项扶贫方面,改变以往"大水漫灌"、针对性不强、精准度不高的做法,针对不同类别的群众制定了12项具体帮扶政策和"三保障五政策",由工作队因户因人施策,这既为工作队提供了有效的工作抓手,又解决了帮扶过程中产生的新的不平衡问题;在行业扶贫方面,针对22个行业部门,采取由扶贫办牵头谋划协调、纪检监察部门督促落实的方式,实行清

/ 富士康(兰考)环保材料科技园

单式台账化管理，进一步厘清行业扶贫部门的职责任务，确保精准扶贫有效落实；在社会扶贫方面，创新以"爱心美德公益超市"为平台，以"巧媳妇"工程、人居环境扶贫、助学扶贫为支撑的"1+3"模式，形成"群众干、干部扶、社会帮"的合力攻坚格局。围绕解决"如何退"的问题，按照中央和省有关贫困退出程序要求，在省定贫困村"1+7+2"（"1"即一项主要衡量指标，贫困村贫困发生率降至2%以下；"7"即七项基础设施和公共服务设施配套指标达到标准；"2"即统筹考虑产业发展和集体经济）退出标准的基础上，主动增加脱贫发展规划、帮扶规划、标准化档案建设、兜底户精神面貌改观、政策落实5项内容，形成了"1+7+2+5"退出标准体系。

改革创新出实招，破解制约激活力

在脱贫实践中，兰考坚持"服务发展、服务基层、服务群众"，以改革的思维破除脱贫攻坚中的体制机制障碍，以创新的举措应对脱贫攻坚中遇到的新问题，有效激发干部群众内生动力。深化督查机制改革，组建督查局，对精准识别、精准帮扶等脱贫攻坚各个环节进行全方位、多轮次督查，重点查一把手责任落实情况、查扶贫资金到位情况、查工作队工作纪律执行情况等，做到村村必进、户户必查。深化便民服务体制改革，构建三级便民服务体系，成立县、乡社情民意服务中心，实现了畅通诉求渠道、收集社情民意、党委政府科学决策有机统一，把"有事找党委政府"落在实处。深化基层社会治理工作改革，整合乡镇（街道）的综治、公安、司法、信访职能机构人员，成立社会治理中心，建立引导、预防和化解社会矛盾的有效机制，形成了集中统一、服务高效的社会治理体系，推进社会治理重心向基层下移。深化人事管理制度改革，招聘或选派自收自支和"差供"人员充实到乡镇（街道）和县直单位一线岗位，通过"能上能下、能进能出"的选人用人机制，有效激发"自筹"和"差供"人员工作活力，使业务人员腾出精力专心致力于扶贫，其工作效率得到大幅提升。创新融资方式，在全省率先以基金形式搭建投融资企业PPP（政府和社会资本合作）股权合作新模式，为重点项目的顺利推进提供有力的资金支持。创新教育扶贫，在落实好国家和省级层面教育资助政策的基础上，县财政列支专项资金，实施分阶段教育救助，阻断贫困代际传递。创新健康扶贫，提高慢性病、肾病透析、白血病等疾病的报销比例，落实先诊疗后付费，进一步降低群众看病负担；探索"一站式"结算服务，群众办理结算时只需交纳自己应负担的费用，其余报销结算由政府各部门内部运转，实现了"让信息多跑路，让群众少跑腿"。同时，在脱贫攻坚中，各级领导坚持带头住村，每年集中3个月每周至少住村1夜，督导驻村工作，一线调研指导，激励干部群众斗志，逐步形成领导领着干、干部抢着干、群众跟着干的生动局面，用领导干部的主动唤起群众的互动，进而让思发展、谋发展成为干部群众的自觉行动。

党建引领树导向,激发动力是关键

围绕抓好党建促脱贫攻坚这条主线,充分发挥党组织战斗堡垒作用和党员干部先锋模范作用,着力打造一支"下得去、留得住、能带富"的脱贫攻坚队伍,凝聚强大的组织力量,重点抓好了四方面工作。

一是建强脱贫攻坚干部队伍。围绕脱贫攻坚排兵布阵,以乡镇党委换届为契机,把扶贫一线39名实绩突出、群众认可的优秀年轻干部选进党委班子,结构进一步优化,执行力进一步增强;开展"三联三全"活动,53名县级干部、567名科级干部和3 000多名在职党员与重点项目、贫困村和贫困户结对联系帮扶,实现了驻村扶贫和结对帮扶全覆盖;树正用人导向,县乡换届时提拔重用196人,其中来自扶贫一线的就占132名,"重基层、重一线、重实绩"的鲜明用人导向让基层干部看到了方向、看到了希望。

二是提升基层组织服务能力。对全县454名村支部书记进行5~7人小班培训,逐一"过筛子"考试,提升其带富能力;制定党群服务中心"七项标准"(健全便民服务网络、拆除围墙大门、统一场所标识、建设文化广场、实施绿化亮化、配齐文体器材、设置诊所超市),完善服务功能,使其成为群众最想去、村内最聚人气的地方。

/ 兰考县谷营镇曹庄村组织丰富多彩的文娱活动,丰富群众精神文化生活

三是探索创先争优激励机制。评选"学习弘扬焦裕禄精神,争做党和人民满意的好干部",用身边的典型激励大家拼搏创新;借鉴当年焦裕禄书记的好做法,开展脱贫攻坚、基层党建、乡风文明、美丽村庄"四面红旗村"评选表彰活动,给予村干部提高工作报酬的奖励;评选出两批70名"驻村扶贫工作标兵",并全部予以提拔重用,有效激发了党员干部投身脱贫攻坚的热情与干劲。

四是严格督导检查问责。将督查工作与纪检监察工作有机结合,构筑了督促检查推动工作落实、纪检监察强化责任追究的双重督查问责机制。

脱贫摘帽之后,兰考县把稳定提升脱贫成效作为工作重点,传承脱贫攻坚中的好做法,推动"支部连支部,加快奔小康"标准化、制度化、常态化,坚持脱贫不脱政策,并最大限度扩大政策覆盖面,持续巩固脱贫成果;加快推进建设特色产业体系、新型城镇化体系、公共服务体系、县域改革体系,为全面实现小康奠定坚实基础。全县上下加快发展的共识已经形成,广大干部群众思发展、议发展、谋发展的热情空前高涨。"脱贫不是目的,小康才是目标",如今兰考上下团结一心、奋力拼搏,在朝着2020年全面建成小康社会目标迈进,力争为全国贫困县脱贫致富奔小康探路示范。

(照片提供:李合磊)

兰考县城面貌换新颜

河南省驻马店市上蔡县 探索建立的"县级统筹、乡村实施、部门联动、社会参与"的贫困家庭重度残疾人集中托养模式，解决了贫困家庭重度残疾人的居住、生活、医疗、照护、康复等难题，走出了一条有重度残疾人的贫困家庭增收脱贫的新路子。建立了"党委政府主导、扶贫残联主推、民政部门主管、卫计部门主阵地"的运作模式，对每个乡级托养中心进行统一规划设计、统一功能配置，县财政专门建立"重度残疾人集中托养运营基金"。建成重度残疾人托养中心32个，入住托养人员619人，解放贫困家庭劳动力800多人，为贫困家庭劳动力提供就业岗位370多个，实现了"托养一个人，解放一群人，幸福一家人"的目标。2018年5月，国务院扶贫办、中国残联、民政部在上蔡县召开现场会，推广上蔡县的经验。

> 全国脱贫攻坚奖组织创新奖

聚焦因残致贫难题　　创新精准扶贫模式

上蔡县位于河南省东南部、驻马店市东北部，现辖26个乡镇（街道）、460个行政村（居委会），人口153万，是平原农业大县、人口大县、国家扶贫开发工作重点县。截至2018年6月，全县共有未脱贫建档立卡贫困人口18 588户52 419人，其中持证残疾人8 052人，占全县贫困人口的15.36%，个别乡镇甚至高达17.8%。贫困人口基数大、所占比例高、贫困程度深致使脱贫难度大，尤其是生活不能自理的残疾人群，不仅因长期求医问药使家庭陷入经济困境，还因需要长期护理使家人失去劳务创收机会，依靠自身脱贫难上加难。

"照看一个人、拖累一群人、致贫一家人"，曾几何时，这是有重度残疾人的贫困家庭生活的真实写照，也是坚决打赢脱贫攻坚战中最难啃的"硬骨头"。

怎样破解因残致贫家庭脱贫难题？如何把习近平总书记关于深度贫困地区脱贫攻坚的指示精神落实到位，把深度贫困地区作为区域攻坚重点，把贫困老年人、残疾人等作为群体攻坚重点，把因病致贫返贫和住房安全作为工作攻坚重点，确保在既定时间节点前完成脱贫攻坚任务？从2016年5月开始，上蔡县积极创新、先行先试，探索建立了"县级统筹、乡村实施、部门联动、社会参与"的贫困家庭重度残疾人集中托养模式，"一站式"解决了贫困家庭重度残疾人的居住、生活、医疗、照护、康复等难题，攻克了有重度残疾人的贫困家庭只能"输血式"扶贫难以"造血式"脱贫的老大难问题，走出了一条有重度残疾人的贫困家庭增收脱贫的新路子。

/ 托养中心的护工用轮椅推着重度残疾人员到室外晒太阳

建章立制早谋划

一是深入调研摸底数。上蔡县委县政府坚持问题导向、聚焦精准施策，明确扶贫部门牵头，组织民政、残联、卫计、财政等部门参与，对全县有重度残疾人的贫困家庭进行深入调研，全面摸清基本情况，为探索有重度残疾人的贫困家庭脱贫模式奠定了基础。

二是科学规划明方向。广泛认真听取各方意见建议，开展多方研讨论证，依据重度残疾人群分布情况，结合残疾人员实际需求，编制了贫困家庭重度残疾人托养中心建设规划，确定了"先期探索、逐步推开、全县覆盖"的思路，确保了重度残疾人员就近托养安置。

三是制定政策强支撑。积极发挥政府的推动作用和政策的支撑作用，先后研究出台了《上蔡县建档立卡贫困家庭重度残疾人员集中托养（试点）实施办法》《关于上蔡县建档立卡贫困户重症残疾人托养中心建设管理暂行办法》《上蔡县重症残疾人托养中心整合资金运营管理办法》《上蔡县扶贫助残托养中心入住程序、管理制度的通知》等规范性文件，明确了扶贫助残托养中心的建设标准、入住条件、管理办法、经费保障等具体内容，为集中托养中心建设、管理和运营提供了政策指导和遵循。

夯实责任抓落实

一是夯实主体责任。建立了"党委政府主导、扶贫残联主推、民政部门主管、卫计部门主阵地"的运作模式，明确县乡政府负责托养中心的建设、管理和运营。建立集中托养工作联席会议制度，及时解决工作中遇到的困难问题。

二是明确联动责任。扶贫部门牵头抓总，负责托养中心建设推进和人员资格把关。民政部门借鉴敬老系统管理经验，负责托养中心日常管理。残联部门负责提供辅助器具、指导康复训练、筛选入住对象。卫计部门负责为入住人员定期体检、日常诊疗，开展护理知识培训。人社部门负责护工、厨师等服务型岗位购买及职业道德培训。

三是激发社会责任。鼓励爱心人士、企业家等开展慰问、捐赠活动，号召县青年先锋队、县志愿者联盟、县义工联合会等社会组织助力扶贫助残，支持集中托养事业发展。

"三个统一"促规范

一是统一规划设计。整合乡村卫生院（室）房屋资源，每家乡级托养中心按照入

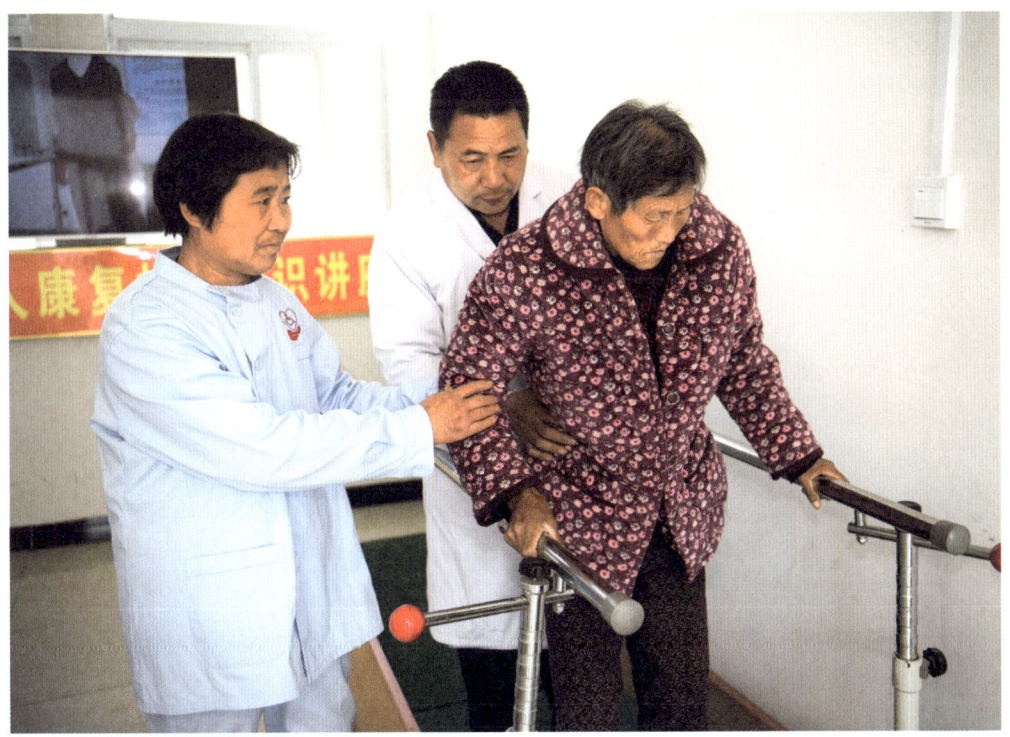
/ 贫困家庭重度残疾人员翟荣花在接受康复训练

住30人标准设计,每家村级托养中心按照入住10人以上标准设计,实现了建设的标准化。

二是统一功能配置。每家托养中心统一设计了住室、医疗室、康复室、办公室、厨房、餐厅及公共卫生间等,统一配备了多功能护理床、轮椅、康复器具等医疗设施,统一采购了餐饮、冷藏、收储等生活设备,实现了配置的规范化。

三是统一外观风格。统一设计了"扶贫助残"标识,制定了托养中心外观形象规范标准,悬挂了统一的标识标牌和制度展板,实现了风格的一致化。

细化措施强管理

一是严格入住条件。明确规定集中托养对象必须是本地建档立卡贫困家庭中二级以上残疾、日常饮食起居不能自理的人员。健全"户申请、村申报、乡审批、县备案"程序,完善个人申请、监护人委托等内容,同时明确监护人义务,规定节假日或外出务工返乡日必须参与照护,每年不得少于30天。

二是搞好医护结合。采取政府购买服务的方式,按照"一托二"原则选聘护工。每个托养中心根据其规模,聘请1~2名厨师。护工和厨师从建档立卡贫困户中选聘,每人每月工资2 000元。卫计部门定期邀请护理、医疗等专业人士对护工进行培训,结合"互联网+"健康诊疗扶贫模式,建立"每餐发药、每日巡诊、每季体检"制度,做到了护理医疗有保障。

三是实行三级联动。明确民政部门为日常管理主体,县民政局设立日常管理办公室,指导乡村做好日常管理。乡级托养中心明确由乡镇(街道)民政所负责管理,村级托养中心明确专人管理,各级互通有无,直线联系,上下互动。

多元筹资保运营

一是财政资金为主。为保障托养中心资金来源和可持续发展,上蔡县建立了"县级财政列支一部分、相关部门整合一部分、社会各界捐赠一部分"的资金整合机制,县财政专门建立"重度残疾人集中托养运营基金",保障托养中心长期持续稳定发展,担当了党委政府脱贫攻坚的主体责任。

二是整合资金为辅。整合入住人员的"两项补贴"、低保金、部分临时救助金以及红十字会基金、慈善资金等多项资金,辅助托养中心日常运营。

三是社会资金补充。积极引导社会公益组织、志愿组织、经济组织、各界知名人士等,奉献爱心、捐助善款,参与托养事业,提供社会支持。

截至2018年6月,全县已建成重度残疾人托养中心32个,入驻托养人员619

人，解放贫困家庭劳动力800多人，为贫困家庭劳动力提供就业岗位370多个，实现了"托养一个人、解放一群人、幸福一家人"的目标。中国人民大学教授杨立雄在调研重度残疾人托养中心建设时评价："上蔡县以重度残疾人集中托养模式进行了农村残疾人贫困问题的探索，成功解决了农村残疾人照护和残疾人家庭经济收入来源问题，改善了农村重度残疾人生活状况。重度残疾人集中托养模式是农村残疾人事业改革的有益尝试，也是精准扶贫的创新，具有可推广性和可复制性。"

2017年10月9日，在中国残联、国务院扶贫办共同召开的关爱深度贫困残疾人脱贫攻坚座谈会上，上蔡县委专门介绍了集中托养做法。2017年11月2日，驻马店市委市政府组织召开了全市脱贫攻坚工作推进暨贫困家庭重度残疾人集中托养工作现场（上蔡）会议，出台了《关于全面推进贫困家庭重度残疾人集中托养的意见》，在全市推广集中托养做法。2017年12月18日，河南省委省政府组织召开了全省贫困家庭重度残疾人集中托养上蔡模式现场会，在全省推广上蔡模式。2018年5月25～26日，国务院扶贫办、中国残联、民政部共同组织召开了全国推动因残致贫家庭脱贫攻坚暨失能贫困重度残疾人照护和托养工作现场会，全国各地的参会人员实地观摩考察了上蔡县贫困家庭重度残疾人集中托养工作，充分肯定了上蔡县的创新与实践，表示将结合各自实

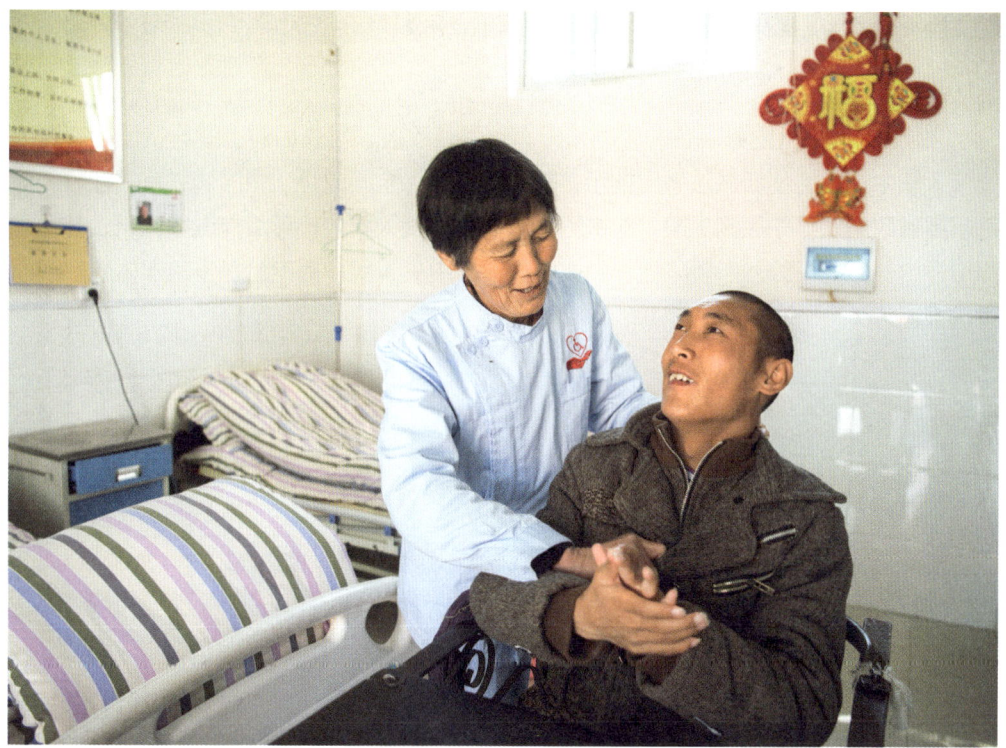

/ 骆荣焕在托养中心照护自己的智障儿子

/ 上蔡县大路李乡栗庄村贫困家庭重度残疾人托养中心外景

际推广"上蔡模式"。

  2017年以来,国务院有关领导和河南省委省政府领导先后对上蔡县贫困家庭重度残疾人集中托养的创新做法做出批示,并给予肯定。全国政协、中国残联有关领导和河南省委省政府领导先后到上蔡,对贫困家庭重度残疾人集中托养工作进行调研,并给予高度评价。《人民日报》、新华社、中央电视台、中央人民广播电台等多家媒体先后予以宣传报道。

(照片拍摄:宋永亮)

湖北省文化旅游投资集团有限公司党群工作部 打造"旅游+"造血扶贫新模式，让穷山活起来。负责组织在湖北连片贫困区投资198亿元，拉动各类投资2 000多亿元，促使"旅游+"成为带动当地经济社会发展的绿色引擎。助力转型发展，让能人动起来。打造旅游品牌、品牌带动产业、产业支撑创业、创业促进就业，真正实现了"造血式扶贫"。推动红利共享，让村民富起来。坚持文化与旅游深度融合，大力培育草根导游、群众演员，实现"搭建一个平台、成就一方百姓"。筑牢红色堡垒，让党旗飘起来。项目建到哪里，党旗就插到哪里，引导人民群众感党恩、听党话、跟党走，坚持扶贫与扶志、扶智相结合，推动精神脱贫。

打造"旅游+"造血扶贫新模式
推动贫困地区和贫困户稳定脱贫

　　湖北省文化旅游投资集团有限公司（简称集团）党群工作部坚持以习近平新时代中国特色社会主义思想为指导，认真履行精准扶贫职责，积极探索构建"项目布局、品牌带动、文旅融合、党建引领"的"旅游+"造血扶贫新模式，有力推动贫困地区整体稳定脱贫、贫困户持续稳定增收、党的恩情不断深入人心。2014年，国务院扶贫开发领导小组授予集团"全国社会扶贫先进集体"称号。2014年12月5日和2015年8月18日，集团两次在全国旅游扶贫大会上作经验交流，得到文化和旅游部有关领导的充分肯定。

项目布局：打造绿色引擎，让穷山活起来

　　集团党群工作部始终不忘初心、担当社会责任，紧紧围绕省委省政府建设旅游强省战略和脱贫攻坚战略，坚持项目优先在贫困地区布局、资金优先在贫困地区投入，先后负责组织在湖北武陵山、秦巴山、大别山和幕阜山四大连片贫困地区投资198亿元，拉动社会投资2 000多亿元，建成了26个特色旅游产业项目和一批基础设施，让深藏大山、交通闭塞的旅游资源"活"起来，让基础设施落后、功能不完善的旅游项目提质升级，成为带动当地经济社会发展的绿色引擎。

　　地处武陵山片区的恩施，是湖北有名的深度贫困地区，路难行、产业弱、收入低。

在党群工作部的大力推动下，集团在此布局项目8个、总投资116.8亿元，统筹开发恩施大峡谷、唐崖土司城、坪坝营等旅游资源，建设景区绿色引擎，带动了区域经济社会发展，实现了"建一个景区、富一方经济"。恩施土家族苗族自治州旅游委有关领导称赞说："旅游是'造血式扶贫'，是最直接的扶贫，最有效的扶贫，最持久的扶贫，也是最有尊严的扶贫。"旅游成为恩施扶贫的金翅膀，扶贫则是恩施旅游的主战场。2017年全州接待游客5 132.89万人次，实现旅游综合收入367.46亿元，同比分别增长17.6%、22.3%，旅游业成为州内正在打造的四大产业集群中的第一集群，旅游扶贫直接带动10万人就业，间接带动相关行业40余万人吃上了旅游饭。

恩施大峡谷营上村村民说，以前营上村交通不便，信息不灵，村民肩挑背驮，在贫困线上挣扎。现在，当年的土坯房绝大多数换成了小楼房，当地通户公路通达率达到90%以上，家家用上了自来水，连大山顶上的4G信号都是满格！

品牌带动：助力转型发展，让能人动起来

坚持以"硬件标准化、服务温馨化、产品多样化、安全稳健化、扶贫长效化"为导向，积极助力长江三峡、武当山、神农架"一江两山"三大老品牌建设，着力打造武陵山区大清江国际旅游目的地、沿荆襄古道三国文化黄金走廊、链接大别山和秦巴山的

/ 大美清江·旅游专用码头

文化精品旅游走廊三大新品牌，通过品牌效应，带动一批能人参与到景区发展、乡村旅游、特色民宿、养生度假等项目之中，从多个维度全面推动精准扶贫。在党群工作部持续推动景区开发与脱贫相结合的工作模式下，集团先后投资50亿元建设恩施大清江国际旅游度假区、恩施大峡谷女儿湖康养度假休闲基地等四个项目，建成了亚洲最长的观光电梯、全国最先进的索道、全国一流的生态停车场，打造了全国最大峡谷实景音乐剧《龙船调》和土家族特色风情小镇女儿寨。恩施大峡谷成为湖北旅游继"一江两山"后的第四增长极，2015年7月成功晋级为国家5A级景区，带动乡村能人发展特色民宿300余家，平均每家带动8人就业。

　　旅游一业兴，乡村百业旺。在景区开发过程中通过党群工作部的积极沟通协调，集团对当地荒山荒坡进行土地流转，平均每户农民获得补偿性收入达到20万元，催生了一批能人小老板；投资近2 000万元在景区出入口和景区的缓冲区建设202个商铺，采取低廉的租金，引导当地近400人创业，人均年收入超过4.5万元，最高超过20万元；支持642家个体工商户围绕旅游拓宽市场，提供就业岗位2 000余个，直接带动260户780人脱贫。

　　恩施大峡谷旅游扶贫效应在营上村持续发酵。营上村中年妇女向少菊的蜕变就是一个典型例子——从低保户到农家乐老板，从自己脱贫致富到带动村民一起致富。十年

全国脱贫攻坚奖组织创新奖

/ 实景音乐剧《龙船调》演出现场

前,向少菊的丈夫去世,留下两个小孩、一位老人,家里被定为低保户,靠政府接济生活。恩施大峡谷开发后,她顺势办起了"农家乐",经营的土家族风格酒店"楚阳农家乐"达400平方米,2017年赚了60多万元,雇了10名老乡。

品牌带动产业、产业支撑创业、创业促进就业,真正实现了"造血式扶贫"。以恩施大峡谷模式为代表的旅游扶贫效应,正在荆山楚水相继显现。在党群工作部的不懈努力下,集团在国家级贫困县长阳县打造清江画廊5A景区,带动发展酒店和旅行社100多家、农家乐近300家,带动当地1万余名村民创业就业。

文旅融合:推动红利共享,让村民富起来

坚持文化与旅游深度融合,大力培育草根导游、群众演员,文旅融合成了扶贫的一大利器,实现了"搭建一个平台、成就一方百姓"。

文旅融合、红利共享造就的"背篓哥"刘成松,引起了新华网等媒体的关注。营上村49岁的刘成松,从吃低保到如今有存款40多万元,未来还规划要把7间私房建成农家乐。刘成松说,景区开发前,"家里太穷了,经常是吃了上顿没下顿"。2005年,病危的父亲和高昂的医药费让这个七尺汉子跪在了每家每户的门口。苦守着十来亩土地,生活始终举步维艰。"背篓哥"刘成松在地里栽过核桃树,也没有让艰苦的日子彻底好起来。随着恩施大峡谷建成5A级景区,他终于找到了一条好活路——做导游。经过导游培训后,他一边帮游客背东西,一边用自己作的打油诗介绍各个景点,还推销拐

杖等商品。"我做导游一年挣个五六万块钱很简单。我还种了十来亩地,每年至少还可以赚两万块钱。"刘成松信心满满。

类似的"背篓哥"在恩施有50多人,在集团投资的武陵山、秦巴山、大别山和幕阜山四大连片区有600余人。

村民王爱国是恩施大峡谷景区水电管理员,同时他还在大型山水实景剧《龙船调》中当群众演员。和王爱国一样,大峡谷域内村民每天都会关注演出微信群,在群里报名参加群演。每场山水实景剧需要104名群众演员,群里报名人数往往超过300人。

与此同时,景区安置的宾馆服务、物业管理、门卫保安等岗位,解决了1万多人的就业问题。

党建引领:筑牢红色堡垒,让党旗飘起来

项目建到哪里,党旗就插到哪里。集团党群工作部坚持把宣讲习近平新时代中国特色社会主义思想和党的十九大精神融入精准扶贫的各领域、全过程,全面推进"党建+项目+扶贫"工程,从集团党委到项目一线党支部,层层组成宣讲队,把宣讲新时代新思想和业务培训、岗位招聘紧密结合起来,引导人民群众感党恩、听党话、跟党走。开展致富能手、脱贫能手、好媳妇、好婆婆评比,组织他们到景区景点参观,不断激发村

/ 恩施大峡谷景区建成全国领先的索道

/ 精准扶贫 携手同行：集团负责人与当地县、村两级负责人深入扶贫点踏勘扶贫通村道路

民斗志，推动乡风文明。

  坚持扶贫与扶志相结合，破除贫困群众"等靠要"思想，让他们既有获得感，又有参与感。在帮扶驻点村咸丰县黄家村通组公路建设时，党群工作部建议集团采取以奖代补的办法，筹资 300 万元，组织群众投工投劳铺路基，有效调动了贫困群众的积极性、主动性、创造性。各组群众从正月初二开始争相投工投劳，为其他项目建设奠定了良好的群众基础。

  注重扶贫与扶智相统筹，举办产业技能培训班，把专家请进课堂，把教室搬到一线，把技能送到农户。组织黄家村 32 名小学初中高中学生到武汉高校、科教基地开展研学，帮助他们开阔眼界，促其发奋自强。

  "旅游＋扶贫"是贫困地区脱贫攻坚的有效方式，是贫困群众脱贫致富的重要渠道，是国企彰显责任担当的重要载体。集团党群工作部将始终牢记习近平总书记视察湖北时的殷殷嘱托，着力推进生态保护、旅游开发、脱贫攻坚有机结合，完善"旅游＋"造血扶贫模式，将绿水青山变为脱贫致富的金山银山，让物质脱贫与精神脱贫并进，让党旗在每一个领域高高飘扬。

（照片提供：刘峰 杨学单 谭垚焱）

湖南省永州市江永县 2017年以来，以列入首批中国社会扶贫网试点县为契机，全面推进"互联网+"社会扶贫，全力搭建社会资源与贫困对象的帮扶桥梁，形成了"一网统领、两线并行、三级共振、四员助力、五台同唱"的社会扶贫"江永经验"，实现了高质量脱贫，全县贫困发生率降为0.83%。在中国社会扶贫网上，该县贫困户注册率100%，注册爱心人士11万余名，贫困需求对接信息9.4万余条，爱心捐赠1.35万例，各项指标均居全国前列。2017年，荣获"中国全面小康扶贫十佳县市"称号。2018年，创新"3+X+Y"模式，建设"中国社会扶贫网·江永子站"，自建电商扶贫、旅游扶贫两大版块，上线本土特色产品30余个。

全国脱贫攻坚奖组织创新奖

一网搭建"爱心桥" 合力摘掉"贫困帽"

2017年以来，江永县以列入首批中国社会扶贫网试点县为契机，全面推进"互联网+"社会扶贫，全力搭建社会资源与贫困对象的帮扶桥梁，形成了"一网统领、两线并行、三级共振、四员助力、五台同唱"的社会扶贫"江永经验"，汇聚了脱贫攻坚合力，摘掉了贫困帽子，兑现了庄严承诺，实现了高质量脱贫，贫困发生率降为0.83%。2017年，江永县获评湖南省脱贫攻坚一类县，获得全省电商扶贫考核第一名。在中国社会扶贫网上，江永县贫困户注册率在全国率先实现100%，注册爱心人士11万余名，贫困需求对接信息9.4万余条，爱心捐赠1.35万例。2017年，全省、全国"互联网+"社会扶贫现场推进会先后在江永召开；同年，该县荣获"中国全面小康扶贫十佳县市"称号。

领导推动，一网统领

按照永州市委主要领导提出的"12345"工作思路，发挥政府主导、社会主体作用，以互联网为主线，着力打造了一张全社会立体互动帮扶网络，构建了"政府、市场、社会"协同推进的脱贫新格局。在创建过程中，国务院扶贫办、湖南省委省政府有关领导先后做出批示或到江永指导助力；江永县县委坚持高位推动，实行"日督查、周调度、月总结"工作制和"县、乡、村"三级考核奖惩制，做到工作部署、资金安排、人才配备、项目研究、政策支持"五个优先"，形成强大的推进合力。同时，按照"党

/ 产业扶贫项目芥菜丰收，贫困户喜上眉梢

员干部带头、贫困群众参与、社会各界支持"的要求，让社会扶贫网"扩网"，贫困群众"触网"，爱心人士"联网"，各种需求"上网"，形成了"社扶网是百宝箱，群众所需往里装"的共识。

两线并行，产业驱动

坚持线上线下互动，发挥特色产业优势，实现贫困需求精准对接、爱心帮扶精准"滴灌"、社会扶贫网多维度对接，引领贫困群众增收致富。

一是"社会扶贫网＋特色产业"两线并行。依托"江永五香"特产，在线上线下同步开展产业众筹项目，先后实施产业扶贫项目246个，带动13 507户贫困户户均增收2 000元以上。截至2018年6月，线上已筹资1 000余万元，线下与澳门蔬菜批发商会共建港澳果蔬供应基地，为江永30万亩产值超20亿元的果蔬产业找准销售出路。依托扶贫志愿专家资源，与湖南农业大学、湖南省农业科学院、湖南生物机电职业技术学院签订了科技合作协议，实现香柚、香芋、香姜、夏橙等农产品品种改良和品质提升。

二是"社会扶贫网＋电商"两线并行。依托成为国家电子商务进农村综合示范县的契机，出台优惠政策，鼓励电商创业，采取"电商企业＋贫困村＋贫困户""电商网店＋贫困户"的帮扶方式，通过电商线下建点线上扶贫，优先为贫困户销售农产品，实现了"江永五香"特产品质、价格和销量的全面提升。截至2018年6月，全县开设"扶贫商城"62个，开办网店微店2 500个，带动5 000户贫困户户均增收2 000元，在中国社会扶贫网扶贫商城经营业绩的全国排名中排在前十位。通过电商扶贫带动，2017年香柚、香芋、香姜的均价提升30%，贫困户"丰产"又"丰收"，江永县的电商扶贫经验被商务部作为典型向全国推介。

三是"社会扶贫网＋百千万工程"两线并行。实施"百个企业联百村、千名企业家结千户、万名爱心人士帮万人"行动，在线下为贫困群众排忧解难。截至2018年6月，有115家企业、1 019名企业主及10 283名国内外爱心人士，捐资捐物达2.5亿元，1.3万户贫困户得到资助。

三级共振，上下联动

按照"县设中心、乡设站、村设点"的思路，建立了"县统筹指导、乡汇总核实、村采集上报"的三级联动机制，打造了"运行高效、支撑有力、覆盖面广"的社会扶贫网基础平台。村党支部发挥关键作用，坚持"三连三走""党建＋扶贫"思路，即"支部连产业，走创建品牌之路；小组连网格，走协作互助之路；党员连农户，走脱贫致富之路"，上下联动效应不断放大。同时，通过采取"支部＋村公司""支部＋合作

/ 贫困户在资产收益扶贫项目基地务工

/ 社会爱心人士到江永县桃川镇大源小学开展助学活动

社""党员+贫困户"等模式,全力激活基层党建"微细胞",实现了党建、扶贫同频共振、互促双赢。在所有贫困村均配备专职信息员,实行人事纳入村级干部管理、工作纳入绩效考核、工资纳入财政统发"三纳入"。全县300多名信息员走进田间地头,对接千家万户,成为爱心人士与贫困群众结对帮扶的"红娘",涌现出"最美扶贫代言人"、向光村"第一支书"杨继根等先进典型。和兴村信息员欧阳鑫和葛小梅帮助贫困户在中国社会扶贫网完成用户注册,采集、发布、对接需求信息179例,通过电商微店帮助贫困户销售了3 000多把扫把和2 360多个竹制手工艺品,被称为"扫把哥"和"电商姐"。

四员助力,社会互动

坚持"社会扶贫社会帮"的原则,组建了扶贫志愿者、扶贫志愿专家、扶贫形象大使、扶贫监督者四支队伍,扩大了江永社会扶贫的影响力。扶贫志愿者队伍以江永县义工协会会员为主力,吸引县内外爱心人士、在外江永人士、长沙知青、来江永的游客志愿加入，担任义务宣传员、招商员、联络员，多方式传递爱心正能量。截至2018年底，已组织公益活动80余场，募集捐赠物资价值达2 000多万元。扶贫志愿专家队伍由中国工程院院士袁隆平领衔，汇集农业、教育、科技、医疗等各行各业精英1 000多人，各领域专家立足专业特长开展扶智、扶技和扶志帮扶，实现直接扶贫效益3 000万元。袁隆平院士在江永县建立了两个"一季稻＋再生稻"示范基地，将实现亩产1 200公斤的目标，有力带动科技扶贫。扶贫形象大使队伍由奥运举重冠军王明娟、省侨商会长庄启宁、澳门君天集团董事长叶惊涛、山河智能董事长何清华等知名人士组成，主要利用各种机会宣传江永，吸引大量社会爱心人士注册成为中国社会扶贫网用户并参与江永精准扶贫，以扩大爱心"朋友圈"。江永扶贫形象大使、中国著名湘菜大师许菊云促成广州天华邦厨与江永签订2.1亿元特色食材订单。扶贫监督者队伍由老干部、老党员、老纪检组成，对脱贫攻坚进行全方位监管，以有效提升扶贫公信力。

五台同唱，群众行动

依托中国社会扶贫网五大平台，汇集社会爱心，帮扶贫困群众，合力脱贫攻坚。借力爱心帮扶平台，引导发动企业、社会组织、爱心人士参与结对帮扶行动，实现爱心快速、精准、可信传递。江永县贫困需求成功对接94 959条。搭建电商扶贫平台，鼓励

/ 中国社会扶贫网江永县和兴村信息员上门收集贫困户需求信息

贫困户在"扶贫商城"开店经营,每交易满5笔奖励1 500元,让贫困户参与产业链,实现创业梦想。聚焦扶贫众筹平台,针对贫困户最期盼实现的需求,精心谋划实施了发展产业、网络应用、德智教育、健康保障、住房保障五大扶贫众筹项目,满足贫困群众多元化需求,已众筹资金、物资1亿多元。关注扶贫展示平台,宣传先进经验,展现爱心风采,激发脱贫动力,在"扶贫榜样"发布新闻、经验材料57篇,新华网、《湖南日报》、红网、《香港商报》等30多家媒体均对江永县试点工作经验进行了报道。打造扶贫榜样平台,表彰对扶贫开发做出杰出贡献的组织和个人,多维度设立扶贫榜单,着力打造扶贫公益品牌,提高社会扶贫公信力和美誉度,让榜样力量在江永充分彰显。

2018年,江永县注重扶贫数量向质量的转变,为实现年度内再创佳绩,创新"3+X+Y"模式,着力建设"中国社会扶贫网·江永子站"。"3+X+Y"模式,"3"即中国社会扶贫网原有3个基本版块(爱心对接、扶贫众筹、扶贫展示);"X"为江永子站定制电商扶贫、旅游扶贫两大版块,截至2018年6月,已经上线旅游产品30余个;"Y"是指中国社会扶贫网开放江永区域数据接口,实现数据共享,打造扶贫一张网。立足江永子站试点,通过社会扶贫网实现将银行和移动、电信、联通等运营商到期且未兑换的积分变现后自动转为江永子站扶贫基金,推进"银行积分""通信积分""消费积分"捐赠扶贫,并带动推进产业扶贫,构建以积分捐赠为价值载体的扶贫生态圈。

(照片拍摄:任泽旺)

资产收益扶贫项目一角

广西壮族自治区南宁市上林县 发挥粤桂东西协作机制作用，探索出"一体培育创业致富带头人和扶贫特色产业、一体带动贫困户和贫困村增收脱贫、一体促进本土人才回归和贫困村基层党建"的"两培两带两促"脱贫带头人培育模式。开展粤桂产业合作，组织带头人到广东培训，引导广东产业到上林发展。成立上林县贫困村创业致富带头人服务中心，建设高值渔等5个实训孵化基地，设立产业培育基金，带动贫困户大力发展高值渔等"5+X"扶贫产业。全县已培育贫困村创业致富带头人303人，打造了一支"不走的扶贫工作队"，带动6 100户贫困户参与产业发展，5 087户通过发展产业实现脱贫，占全县脱贫总户数的58%。2018年3月，全国贫困村创业致富带头人培育工作现场会在上林县成功召开。

粤桂协作添引擎　创业致富谱新篇

夏日正当时，对于广西壮族自治区南宁市上林县木山乡厂圩村的贫困户而言，炎炎烈日丝毫不会影响他们下地打理薯尖的热情。在致富带头人的带领下，这个木山乡最大的贫困村，正依靠薯尖产业实现着增收目标，上演着"逆袭"好戏。

在上林县，像厂圩村一样的贫困乡村，近年来发生了翻天覆地的变化。为实现2020年与全国同步建成小康社会的目标，上林县紧扣"精准选人、素质培训、创业孵化、带贫增收"四个基本环节，大力实施"两培两带两促"六大行动：着力培育创业致富带头人，培育扶贫产业；带动贫困户增收脱贫，带动贫困村提升发展；促进本土人才回归创业，促进农村基层党建。通过采取"六大行动"，上林县走出了一条具有上林特色的致富带头人减贫脱贫之路。

如今，无论走到上林县的哪个乡镇、村屯，都可看到一支支"不走的扶贫工作队"，以打赢脱贫攻坚战为目标，带领贫困群众向着美好生活出发。

"两广"携手，共育扶贫领头雁

位于南宁市北部山区的上林县，石山环绕、山高林立，风光虽无限好，产业增收却渠道匮乏。这里也因此成为滇桂黔石漠化片区县和国家扶贫开发工作重点县。

"人民对美好生活的向往，就是我们的奋斗目标。"党的十八大以来，党中央把脱贫攻坚摆到突出位置，打响了一场脱贫攻坚战。2015年9月，国务院扶贫办确定上林县

/ 2018年3月，全国贫困村创业致富带头人工作现场会在上林县召开

为粤桂两省（区）贫困村创业致富带头人培育工程试点县，这极大地鼓舞了上林县委县政府，也增强了上林人民和贫困群众砥砺前行摆脱贫困的信心和决心。

"上面千条线，下面一根针。"明确了思路、确定了方向，更关键的是如何在实际工作中落实。2015年以来，上林县以国务院扶贫办粤桂两省（区）贫困村创业致富带头人培训基地——广东九江河清培训基地为依托，配套建设实训基地，加强致富带头人的培训、管理、创业孵化服务工作。

"建立培训教学体系，精准选择带头人，带动贫困群众发展产业，就是我们工作的方向与目标。"上林县县委书记梁平江说。上林县始终坚持"选、培、管"并重，采取严格标准精准选人，建立粤桂协作培训教学体系、创业导师指导服务体系，实行动态评级管理机制等措施，精心培育创业致富带头人。

通过整合广东、广西两地的创业导师资源，建设完善的师资库以及科学设置的创业课程，在全县上下形成了粤桂协作共同培育致富带头人的格局。数据显示，2016—2017年，上林县共培养致富带头人303人，其中216人创业成功，带动6 100户贫困户参与特色产业项目；带动的户数占全县贫困户总数的30%，其中5 087户通过发展产业实现脱贫，占全县脱贫总户数的58%。

当下，在上林这片脱贫攻坚的热土上，已形成每村都有致富带头人、每村都有产业项目的喜人局面。"跟着带头人，穷人变富人。我们全家一年土地流转金、入股分红、务工收入将近5万元，日子越来越好了。"澄泰乡大坡村拉邕庄贫困户苏益坚说。

"两培"同步,激发脱贫积极性

随着粤桂两省(区)贫困村创业致富带头人培育工程的深入推进,一批批学成归来的致富带头人出现在上林的田间地头。兴办产业、带动农户,他们的致富行动和理念感染着周围的贫困群众。

在上林县澄泰乡拉岜庄,致富能人苏达谋参加了创业致富带头人九江河清培训基地第一期培训后,成立了达谋生态种养专业合作社,流转土地800多亩,发展山水牛养殖。苏达谋的基地分为种植区、养殖区和林下作物种植区三大主功能区。合作社种植甜玉米450亩、沃柑60亩,养殖山水牛500头、猪1 000头、鸡1万只,还有澳洲淡水龙虾池25亩、甲鱼池20亩(甲鱼1万只)、蚯蚓养殖地20亩等,形成了产业链式发展,累计吸纳贫困户70多户,已带动部分贫困户脱贫。

苏达谋可谓粤桂扶贫协作工程的受益者。通过参加创业致富带头人培训,他充分了解了上林的商业环境及扶持政策,也让他看到了家乡的发展机遇。"返乡后虽然有很多想法,但目标并不明确。在广东的培训让我有了清晰的发展规划,并决定从事大农业。"苏达谋说。

/ 苏达谋(左一)向学员传授柑橘种植技术

/ 致富带头人到上林县贫困村创业致富带头人服务中心办理业务

2015年以来,九江河清培训基地为上林县开办了3期致富带头人培训班,培训学员303名。结束在广东的培训后,学员继续在上林县建立的"1+N"创业孵化实训基地接受实训和创业服务。截至2018年6月,上林县已建成高值渔、山水牛、生态循环农业、林果业、特色养殖等5个产业实训孵化基地,对致富带头人创办、领办扶贫产业项目进行跟班式、体验式、观摩式的孵化培训,促进培训学员成功创业。

"通过粤桂协作体验式、保姆式的教学培训,参训学员的思想观念、创业能力和创业成功率得到明显提升。"上林县县委书记梁平江介绍说,全县已有180名学员成立或组建公司、专业合作社、家庭农场等新型农业经营主体173个,涌现出一批创业成功、带动贫困户脱贫效果好的优秀学员。同时,上林县还依托创业培训孵化基地、实训孵化基地、农家课堂等,举办系列创业、产业、实用技术等培训班168期,培训学员1万多人次。

"培训不仅进行理论教学,还让学员了解现阶段农业的发展情况,了解行业的盈利模式。如果不是得到培训,我的合作社或许不会发展这么快。"苏达谋说。

"两带"齐驱,找准致富突破口

带领贫困户共同致富,是致富带头人培育工程的重要落脚点。

上林县始终坚持"两带"齐驱,即带动贫困户增收脱贫、带动贫困村加快发展进而带动贫困户增收脱贫。同时，注重建立科学的带动机制，将贫困村、贫困户融入特色产业发展链条，带动贫困村集体经济发展壮大、贫困户稳定增收脱贫。

在粤桂扶贫协作的框架下，上林县根据广东佛山产业优势和上林县水资源特点，把广东高值渔产业作为粤桂扶贫协作对接重点项目，以大丰镇云温村、白圩镇赵坐村2个基地为龙头，孵化、带动17个合作社发展高值渔养殖项目，带动全县发展虾稻、鱼稻、鱼菜共生水产养殖3 000亩。

走进广西澳益农业发展有限公司位于白圩镇赵坐村白马庄的高值渔养殖基地，标准化养殖鱼塘、鱼菜共生水循环系统、稻虾种养基地一应俱全。一座座塑料大棚里养殖着淡水龙虾，几个村民正忙着采摘套种的水芹菜，基地上机器声轰鸣，村民们忙得热火朝天。

"这里有34个标准鱼塘，138人在此务工，其中36人是贫困户。"项目负责人潘健章指着眼前的养殖基地，笑容满面地说。

潘健章是粤桂两省（区）贫困村创业致富带头人九江河清培训基地主任，他牵头在上林县成立了广西澳益农业发展有限公司，发展高值渔扶贫产业，采用"公司+金融+合作社+贫困户"的合作模式帮扶贫困户。同时，通过培养创业致富带头人发展产业，带动更多的贫困户脱贫致富，实现以点带面、全面开花。

"贫困村要摆脱贫困，必须要有产业，让贫困户有致富的渠道，而贫困村发展产业必须要有龙头企业、经济能力、带头人。我们开展致富带头人培育工作，就是要手把手、带着干、把他们扶上马、送一程，培养他们独立发展的能力，进而达到带富一方的目的。"潘健章说。

如今，赵坐村的高值渔基地，已被打造成为集高效渔业养殖、农旅结合、人文宣传展示为一体的扶贫庄园，集养殖示范、产业孵化和致富带头人培训等功能于一体的产业典型。

／山水牛养殖产业基地

"两促"并进，打造"不走的扶贫工作队"

致富带头人培育工程的实施，既促进了本土人才回归创业，也促进了农村基层党建。

全县已有67名村"两委"干部成为致富带头人，32名党员致富带头人被选拔为村"两委"干部，6名优秀创业致富带头人担任贫困村党支部书记；成功促进和吸引680名本土人才回乡创业，其中组建养牛合作社83个，带动全县17.7%的贫困户加入合作社……一串串强有力的数据证明，上林县把培育创业致富带头人与培育贫困村党组织带头人有机结合，成功培育出一大批优秀党员典型，带动了贫困群众增收致富。

不仅如此，致富带头人的培育，还强化了上林县各乡镇、村屯基层党组织的战斗堡垒作用，提升了党组织的凝聚力、战斗力，为不断激励本土人才回归、扎根农村创业做出了积极的贡献。

2016年10月，在粤桂培训基地的推动下，广东佛山市南海区河清四村党支部与上林县赵坐村党支部签订了"村对村对口帮扶支部联建"协议。此后，河清四村在赵坐村建立了高值渔养殖示范孵化基地，带动该村贫困户105户378人以及其他农户55户237人参与产业发展、脱贫增收。两村党支部多次深入交流，联合开展形式多样的组织活动，丰富了扶贫协作内涵。

2016年12月，大丰镇云里村的女婿冯应红在回村探亲时，发现云里村里有块养殖小龙虾的"风水宝地"。凭着参加广东九江河清培训基地学习后所掌握的小龙虾养殖技术，冯应红在村里建起了占地150多亩的小龙虾标准化养殖池，着力打造"水里有虾，水面有花，岸上有农家（乐）"的立体养殖基地，第一年产值就超过60万元。眼下，基地每天出售小龙虾100多公斤，加上每年近2万公斤的莲子，全年产值不低于300万元。

围绕"脱贫攻坚党旗红，产业链上争先锋"的党建工作思路，上林县与广东结对以支部联建共同培育致富带头人，把党组织建在了产业链上，使党员干部主动作为、致富带头人鼎力相助，成功打造出了一支"不走的扶贫工作队"。

（照片拍摄：韦定伟 樊亚明）

海南省脱贫致富电视夜校工作推进小组办公室 综合利用广电、互联网及新媒体技术，从电视到广播，从线上到线下，将电视课堂覆盖到全省每个贫困村，创新打造"电视+夜校+961017服务热线"精准扶贫模式，得到社会广泛赞誉。平均每期夜校节目有68万人次收看，在全省2 721个教学点，5 000多名乡镇干部、帮扶干部、第一书记、村"两委"干部，组织12.8万名贫困群众同听课、同学习、同讨论。脱贫致富电视夜校已成为帮扶干部的扶贫好帮手，密切了党群、干群关系，激发了贫困户脱贫动力，成为齐心协力谋脱贫攻坚、社会各界广泛参与扶贫开发的强大"合力场"。

全国脱贫攻坚奖组织创新奖

创新扶贫宣教思路 "志智双扶"见实效

扶贫先扶志，扶贫必扶智。针对贫困群众存在的"受穷不急、信心难立、脱贫无方"等问题，海南省坚持扶贫与扶志、扶智相结合，设立脱贫致富电视夜校工作推进小组办公室（简称省夜校办），创新打造"电视+夜校+961017服务热线"精准扶贫模式。自设立以来，电视夜校已成为海南省培训贫困群众致富能力、提高基层干部帮扶能力、促进农民持续增收的重要抓手。脱贫致富电视夜校节目被国家新闻出版广电总局评选为"2017年度广播电视创新创优节目"。电视夜校的工作激发了广大贫困群众的内生动力，成为扶贫干部提振士气、营造干群携手脱贫攻坚的强大"合力场"。

创新宣教，助贫困户"富脑袋""鼓口袋"

村委会院里停满农用车、电动车，会议室里座无虚席，放下锄头的农民走进"课堂"，聚精会神对着电视边听边记、边学边思……每逢周一晚上，"乡土课堂"在海南省各地村庄同时开课。自2016年11月18日起，海南省探索开设脱贫致富电视夜校，固定频道固定时间开课，每期邀请相关部门领导、行业专家、致富能手及优秀帮扶干部"现身说法"，讲政策、举案例、教技术、出点子。

大规模开办电视夜校，正是为了给扶贫难、脱贫难的症结开出精准"药方"。以扶志、扶智为目标，电视夜校以"实地调研出题目、职能部门组内容、专家团队策划、专业团队摄制"的方式制作课程，内容涵盖扶贫政策知识、产业发展信息、思想教育、扶

/海南省澄迈县福山镇福山社区群众在收看电视夜校节目

贫典型案例、农民工创业就业和农产品产销信息等几大类专题。

电视夜校把分散的贫困群众组织到一起集中学习，比他们在家自学更有效果。通过电视夜校，贫困群众全面深入地了解了住房、教育、医疗、产业、小额贷款等扶贫政策信息。电视夜校注重"身边人讲身边事"，邀请各地"脱贫明星"传授经验，以触动和启发广大贫困群众。在潜移默化的致富氛围中，大量贫困群众实现了从"要我脱贫"到"我要脱贫"、从"脱贫没想法"到"致富有门路"的转变。

上电视夜校后，琼中县和平镇长沙村贫困户卓善瑜的致富念头日益强烈，他说："以前我觉得饿不着就行，不想那么辛苦。在夜校上课后，看到有的贫困人员即使身体残疾也能脱贫，我年轻力壮的一定也行！"在夜校政策信息的提示下，他提交了危房改造申请，申请了产业扶贫帮扶，开始养鸡、养猪。

"不仅要脱贫，我还要致富！"海口市秀英区永兴镇罗经村的黄振步是电视夜校的忠实学员。在夜校，黄振步看到养殖黑山羊脱贫的案例后受到启发，就和其他5名贫困人员成立合作社养殖黑山羊，2017年全部实现脱贫。如今，合作社还带动周边村庄共22户贫困户养羊。

除了承担宣教功能，电视夜校还利用平台优势牵线搭桥，为贫困群众解难题、找门路。在第50期夜校课程中，海南传味文昌鸡有限公司技术专家现场讲解文昌鸡的饲养技术和疾病防治技术，并为贫困户答疑解惑。课程播放后，不少贫困户萌生了养鸡脱贫的想法。在电视夜校的协调下，该公司免费为50名贫困人员提供了1万只鸡苗，带领他们走上了脱贫致富之路。

"线上+线下"教学全覆盖，力促帮扶见实效

从电视到广播，从线上到线下，省夜校办整合资源，综合利用广电技术、互联网及新媒体技术，将电视课堂覆盖到全省每个贫困村。节目除了在全省广播电视系统播出

外，还上传到海南省党员干部现代远程教育平台，支持自主点播选学。此外，还把每期节目刻录成2 000余个光盘分发给广播电视、网络信号较差的村庄，方便基层党员群众随时学习。

为了巩固学习成效，课程结束后乡镇扶贫干部、帮扶责任人、驻村第一书记、村"两委"干部至少要利用半个小时组织贫困户讨论，对核心内容接地气地用方言二次解读，让贫困户进一步熟悉扶贫政策，并结合贫困户自身特点探讨脱贫计划。

"电视夜校已经成为贫困户探讨脱贫路子的乡土论坛。"三亚市天涯区华丽村第一书记杜沛林说，他们村在课后设置了贫困户轮流提问，农林技术员解答的"小课堂"环节。为增强学习的趣味性，许多村庄还开展了扶贫知识有奖竞答活动，进一步激发了贫困户的学习热情。

电视夜校搭建了线上讲政策技术、线下抓落实，贫困户提问、干部解答的平台。万宁市北大镇打造"固定课堂+流动教学+下单式服务"模式。夜校节目播放结束后，各村委会根据贫困群众实际需求，邀请相关领导、专家进村入户授课解决种植养殖难题，并带领贫困群众赴外地参观学习产业脱贫经验。

伴随着电视夜校脱贫节目的开播，"961017"脱贫致富服务热线同时开通。如果

/ 电视夜校线下培训班上，技术专家带领学员进行实操

/ "961017" 脱贫致富服务热线客服人员接听群众来电

说夜校节目是"集中会诊",解决贫困户普遍面临的难题,那么热线服务就是私人定制,精准帮扶到户到人。电视夜校客服人员接听群众来电后,将热线工单派发到各职能部门,通过工单追踪制度,在7个工作日内进行回复、办理,从而做到对贫困群众反映的热点、难点、痛点问题有求必应。

截至2018年6月,服务热线共接到群众来电49 680个,生成工单41 442份,共办结工单41 292份,工单办结率达99.64%。定安县龙湖镇桐树村贫困户符春兰通过电视夜校了解到危房改造政策,可错过申报时间让她后悔不已,她抱着试试看的想法拨打了服务热线,没想到第三天就迎来了县住建局工作人员,将她家房屋列入2017年危房改造范围,当年就完成重建。临高县调楼镇道俺村贫困户王小干的香蕉遭遇病虫害,看到电视夜校的香蕉种植专题课后,他拨通电话,海南省农科院的专家随后就赶到田间进行指导,救活了他的香蕉。

强化组织保障,打造脱贫"合力场"

截至2018年6月,电视夜校节目已播出91期。每期节目播出时,在全省2 721个教学点,5 000多名乡镇干部、帮扶干部、第一书记、村"两委"干部会组织12.8万名贫困群众同听课、同学习、同讨论,营造出干部群众勠力同心谋脱贫的良好氛围。

海南省上下同心，办好电视夜校成为各级党委、各个部门的分内事。海南省委省政府高度重视夜校工作，成立了脱贫致富电视夜校工作推进小组，统筹夜校教学日常工作和协调18个成员单位参与节目录制。海南省委副书记担任组长和电视夜校校长，并主讲了电视夜校第一课。

海南省委组织部牵头电视夜校组织和监督考核，省扶贫办监督电视夜校工单办理情况并对教学内容进行指导，省农业厅、省教育厅、省住建厅、省财政厅等单位主动参与授课和接听咨询电话、办理热线工单……在省夜校办的协调下，各部门各司其职、通力合作。各市县主要领导深入夜校教学点和贫困群众一起学习讨论，并解决夜校工作中遇到的问题。

为确保电视夜校教学效果，海南省运用即时通信软件"钉钉"，通过报表管理和人脸识别技术来统计教学点管理人员签到率和贫困户的参学率，对全省教学情况进行实时监督。

扶贫干部上课热情高涨，电视夜校已成为扶贫干部的好帮手。不少帮扶责任人运用夜校学到的扶贫政策，帮助贫困户解决实际困难。海口市龙华区龙泉镇美定村第一书记罗书体，看到夜校宣传的产业扶贫小额贷款政策后，帮助多个贫困户办理了贷款，产业发展缺资金难题迎刃而解。

电视夜校还密切党群、干群关系，增强基层党组织的战斗力。实施科学高效的组织模式和层层压实责任的管理方式，真正把工作做到了群众的心坎上。一些基层干部在组织收看夜校课程的过程中，想方设法主动"贴近"群众。陵水县文罗镇新华村第一书记陈栋曾把夜校中的"干货"拎出来，自掏腰包编印《政府对建档立卡贫困户的帮扶政策汇编》发给贫困户；乐东县尖峰镇山道村山路崎岖、住户分散，村里租用6辆三轮车组建"夜校专用车队"，接送路程较远的贫困户。"干部的真心真情触动着群众，来上课的人越来越多，参学率连续多期达到

/ 省夜校办召开脱贫致富电视夜校研讨会，推进电视夜校工作

/ 电视夜校节目策划人员向创业青年了解情况,搜集节目素材

100%。"山道村第一书记吴足雍说。

电视夜校激发了贫困户的脱贫动力,汇聚了人气,凝聚了民心,成了干群齐心协力脱贫攻坚、社会各界广泛参与扶贫开发的强大"合力场"。电视夜校平均每期节目有68万人次收看,大量农民、基层干部自发"上夜校"。社会各界人士收看课程后,积极投身扶贫工作。不少企业负责人看了夜校课程后,拨打电话希望在课程中发布招工信息。定安县一家食用菌公司的负责人还主动要求到夜校授课讲解食用菌种植技术,并邀请贫困户到公司学习技术或务工。

(照片拍摄:易贵明 闫世龙)

四川省南充市南部县 成功探索出"挂图作战"指挥机制、"现场验靶"推进机制、"五方联盟"链接机制、"三议五会"自治机制、内生动力引导机制、党建扶贫引领机制。4年减贫9.5万人,基本实现整体脱贫。紧扣"两不愁、三保障",立足"村有当家产业、户有致富门路、人有一技之长",建成脱贫奔康产业园356个,分户发展小养殖、小庭院、小买卖、小作坊"四小工程"。现场验靶、蹲点巡察与悬帽攻坚并举,全县上下持续迸发出拼抢、拼命、拼搏、拼合的"四拼"精神。通过"四好创建""五大教育",让"勤劳致富光荣"厚植人心。

创新六大机制　助推脱贫摘帽

2017年,南部县成功跻身全国首批摘帽的贫困县之列。4年共减贫9.5万人,146个贫困村出列,贫困发生率从9.8%降至0.7%,贫困面貌得到根本改变,脱贫成效得以持续巩固。在脱贫奔康的生动实践中,南部县创新六大机制,保障了脱贫摘帽精准高效。

"挂图作战"的指挥机制

南部县委始终把脱贫攻坚作为最大政治任务,坚持全域谋划、统筹推进。一是把目标任务落地到一线。成立县、乡、村三级"作战室",层层挂出"作战图",将"两不愁、三保障"和"四个好"目标落实到具体单位,把任务细化到月、安排到天,一周一调度、一月一通报、双月一验靶。二是把关键少数下沉到一线。33名县级干部每人挂联1~3个乡镇和对应的村,统筹调度乡村干部及"五个一"帮扶力量。任务最重的乡镇,县委书记、县长亲自挂;问题最多的村,县级干部亲自包;难度最大的户,县级干部亲自帮。实行星期二、三、四"无会日"制度,保证每周有2~3天进村入户、蹲点督导。三是坚持把矛盾问题解决在一线。分片区对乡镇和部门进行业务指导,针对工作重点、难点、疑点问题,及时发出解惑释疑的《指导意见》43期,从面上解决全县脱贫攻坚共性问题。

"现场验靶"的推进机制

/ 南部县重点项目、脱贫攻坚"现场验靶"推进会现场

通过"现场验靶",确保阶段性目标如期实现;通过一线督导,确保政策执行不走样、问题整改全销号。一是丰富完善验靶方式。将暗访巡察、季度验靶等平时工作情况按比例纳入年终考核评价,使考评结论更为科学精准、客观公正,避免了"一考定终身"。二是从严运用验靶结果。根据年度目标任务和阶段性工作重点,组织行业主管部门业务骨干开展季度现场验靶,对工作做得好的授予"流动红旗",差的给予"黄牌警告"。三是挂账销号验靶问题。实行"问题清单日交办、问题整改旬销

号",由 33 名挂联县级干部牵头,组织"五个一"帮扶力量开展蹲点督导、现场办公,整改现场验靶和巡察督导中发现的问题。

"五方联盟"的链接机制

推行"龙头企业+专合组织+致富能人+贫困群众+金融保险"的"五方联盟"机制,按市场运作模式,建设覆盖贫困村和贫困户的脱贫奔康产业园 356 个。在落地操作过程中,又依托产业园创新推出"四跟四走""股金抱团""三园共建"三种模式,千方百计在特色产业链上做"贫困群众收入的加法",想方设法建立不依靠行政命令和慈善行为推动的长效增收机制。一是"四跟四走"模式。采取"信贷跟着社员走、社员跟着能人走、能人跟着龙头走、龙头跟着市场走"方式,让贫困群众加入产业链,龙头企业管营销,致富能人管生产,贫困群众投股金。封坎庙村 23 户贫困户利用扶贫小额信贷与龙头企业建立脱贫奔康(肉鸡)产业园,每户年收入超过 2 万元。二是"股金抱团"模式。贫困户把资金整合起来,共建专业合作社,合作社再与龙头企业抱团发展,通过合作社这根纽带增强造血能力,实现稳定脱贫。纯阳山村 15 户贫困户与四川森肽集团合作,每户独立经营一个食用菌大棚,户均增收达 10 万元。三是"三园共建"模式。在龙头企业负责技术、农资、管理和营销服务的基础上,引导具有管理创新能力的贫困户领办创业园,具有劳动能力的贫困人口进入就业园,将既无管理创新能力又无劳动能力的贫困人口带进托管园,通过"三园共建"实现利益链接"全覆盖"。在东坝镇

"五方联盟"建产业园

打鼓山村脱贫奔康（柑橘）产业园中，加入创业园的 66 户贫困户年均增收达 3 万元，加入就业园的 39 户贫困户年均增收达 2 万元，加入托管园的 21 户无劳动能力的贫困户年均增收超过 1 万元。

"三议五会"的自治机制

推行"三议五会"群众工作法，不断完善村民"自我管理、自我教育、自我发展"的自治形式。一是规范议事内容，确保阳光透明。凡涉及土地流转、项目实施、政策到户、公共基础设施、基本保障等关系群众切身利益的村级重大事务，均纳入"三议"决策范围，杜绝"一言堂"和"少数人说了算"。二是严格"三议"程序，实现公开决策。对纳入"三议"的事项，一律按村"两委"提议、村民代表审议、全体村民决议"三议"程序决策，自上而下宣传、自下而上决策，干部指导不拍板、群众说了算。三是用好"五会"平台，广泛凝聚共识。由乡镇或帮扶单位组织召开村"两委"干部会，解决村班子软弱涣散和团结问题。召开全村党员会，尊重党员主体地位，发挥党员的先锋作用。召开群众代表会，紧紧依靠群众代表做深做细群众工作。召开联社会或院户会，广开言路，多方听取意见，符合政策有条件办的立即办；符合政策暂时没有条件办的，拿出计划方案逐步办；对不符合政策的，讲清道理，做好沟通，及时化解疑虑。

/ "三议五会"村民自治

/ 贫困村产业党支部研究田间管理

内生动力的引导机制

坚持把激发群众脱贫奔康的内生动力作为系列帮扶措施的"药引子",通过政策统筹、活动引领、思想教育等多管齐下,全力激发群众不等不靠、脱贫奔康的信心和决心。一是做好"三个统筹",消除抑制内生动力的"负能量"。妥善处理贫困村与非贫困村、贫困户与非贫困户、特惠与普惠三个关系,及时消除群众之间不平衡的心态和相互攀比的心理,构建了邻里相助、齐心协力的脱贫氛围。二是开展"四好"评选、创建活动,添加激活内生动力的"催化剂"。围绕省委提出的"住上好房子、过上好日子、养成好习惯、形成好风气"的目标,细化16条标准,开展"四好"星级示范户评选、"四好村"创建活动,通过公开授牌、专项奖励等措施,调动群众脱贫积极性。同时,对"四好村"和"四好户",优先支持发展长效产业和到户小养殖、小庭院、小买卖、小作坊"四小工程",群众抢着干加油干,实现了"滚雪球"式发展。三是深化"五大教育",稳固孕育内生动力的"精气神"。深入开展感恩教育、法纪教育、习惯教育、风气教育和脱贫光荣的自尊教育等"五大主题教育",让"勤劳致富光荣、懒惰致贫可耻"观念厚植人心。

党建扶贫的引领机制

充分发挥党组织在脱贫攻坚中总揽全局、协调各方的作用，有效整合各类资源，形成了脱贫攻坚的强大合力。一是实行清单管理，压实党建责任。制定"抓党建促脱贫"项目清单和责任清单，凡贫困村"两委"班子不建强、贫困村不退出、贫困户不脱贫，挂联县领导、帮扶单位和第一书记一律"不脱钩"。二是建立产业党委，夯实脱贫支撑。依托脱贫奔康园建立跨乡镇、村居的产业党委，作为乡村党组织的有力支撑。大堰乡铁佛塘镇"百里百村"柑橘产业带，建立横跨五个乡镇的产业党委，通过整合涉农部门、龙头企业、农技专家等力量，有效解决了产业发展中的技术推广、规范生产、市场营销、能人培养、服务群众等具体问题。三是强化激励约束，众志成城攻坚。坚持蹲点巡察让干部动起来，抽调150名纪检干部成立40个巡察组，发现问题当天交办、限期整改、定期复查。坚持差评召回让干部紧起来，凡连续两次被"黄牌警告"的第一书记，一律召回。第一次被召回，由单位副职替补；第二次被召回，由单位"一把手"顶岗。坚持悬帽攻坚让干部拼起来，成立一线考察办公室，提拔重用脱贫一线优秀干部133人。全县上下干群一心、众志成城，持续迸发出争分夺秒的"拼抢精神"、挑战极限的"拼命精神"、不胜不休的"拼搏精神"和万众一心的"拼合精神"。

（照片提供：南部县扶贫开发局）

贵州省毕节市黔西县 紧扣"如何做到扶贫与扶志、扶智相结合,如何激发贫困群众脱贫的积极性和主动性"这两个问题,建立了514个新时代农民(市民)讲习所,累计培训基层干部群众60余万人次,做到了党组织延伸到哪里、讲习所就跟进覆盖到哪里,凝聚起打好打赢脱贫攻坚战的强大合力。围绕广大群众所需所盼,大力开展"六讲六干"讲习活动。讲感恩,让群众干有激情;讲思想,让群众干有方向;讲政策,让群众干有思路;讲技术,让群众干有本领;讲比武,让群众干有榜样;讲道德,让群众干有精神。通过"六讲六干""架"起了干部群众连心桥,"讲"出了新状态、新动能,"习"出了新作为、新成效。截至2018年底,黔西县15个贫困乡镇全部脱贫摘帽,209个贫困村全部出列,累计减少贫困人口31 555户129 933人。

土话土语讲出群众脱贫致富内生动力和发展力

"脱贫攻坚讲习所,干部群众你和我。就像当年见红军,看见干部不再躲。宣传政策讲道理,房前屋后种水果。党给我们拔穷根,日子越过越红火。"在党的十九大会议期间,毕节市委书记在贵州代表团进行讨论时,念了这段流传在黔西县村寨的歌谣,并介绍了如何通过农民讲习所讲清政策、思路和方法,把群众发动起来。习近平总书记予以充分肯定。

在脱贫攻坚中,黔西县深入贯彻习近平总书记关于扶贫工作的重要论述,紧扣"如何做到扶贫与扶志、扶智相结合,如何激发贫困群众脱贫的积极性和主动性"这两个问题,创新建立新时代农民(市民)讲习所,通过"六讲六干","架"起了干部群众连心桥,"讲"出了新状态、新动能,"习"出了新作为、新成效。讲习所成了干部联系群众、干群共商发展和群众了解政策的最佳载体,得到了广大干部群众的点赞。讲习所的经验做法被《人民日报》《经济日报》头版头条刊登,央视"焦点访谈"先后2次进行了深入报道,《光明日报》《贵州日报》等中央和省主流媒体进行了详细报道。

黔西县地处乌江中游,属乌蒙山集中连片的贫困县之一,土地贫瘠,大部分是深山区、石山区和少数民族聚居区。2014年末,全县共有15个贫困乡镇、209个贫困村、35 000户贫困户和138 254名贫困人口,贫困发生率为15.58%。贫困人口多、贫困面积大、贫困程度深是鲜明的阶段性特征。部分群众不同程度存在"精神贫困"问题,甚至宁愿苦熬、不愿苦干,精神空虚、游手好闲。为此,黔西县委组织党校、政研、组织、宣传、扶贫等相关部门深入实地调研，形成统一意见，制定了《关于进一步加强"新时代农民（市民）讲习所"工作助推脱贫攻坚同步小康的意见》，按照有牌子、有阵地、有队伍、有计划、有成效、有资料的"六有标准"，指导县乡村三级标准化、规范化、制度化建立了514个新时代农民（市民）讲习所，并配置讲习设备、划拨工作经费，做到了党组织延伸到哪里、讲习所就跟进覆盖到哪里，找准了攻克"精神贫困"的有力武器和根本方法。

为了用好新时代农民（市民）讲习所，充分调动群众的积极性，激发群众的内生动力，凝聚起打好打赢脱贫攻坚战的强大合力，黔西县委围绕"讲什么、怎么讲"，紧扣广大群众所需所盼，大力开展讲感恩，让群众干有激情；讲思想，让群众干有方向；讲政策，让群众干有思路；讲技术，让群众干有本领；讲比武，让群众干有榜样；讲道德，让群众干有精神的"六讲六干"讲习活动。对群众进行"菜单式""点餐式"讲习，讲出了群众的自信心，讲出了群众的内生动力，讲出了群众的发展力。

黔西县委始终认为，端午、中秋、国庆、春节等节日是组织返乡农民工开展讲习的最佳时机。通过讲述近年来实施的扶贫项目，谈变化谈体会谈发展；通过分析人们衣食住行的改善，向群众宣讲农村的新变化；通过重点讲解习近平新时代中国特色社会主义思想和对贵州对毕节的重要批示指示精神，积极引导全县各族干部群众牢固树立感恩意识、奋进意识。在讲习员接地气、有温度的宣讲中，广大贫困群众用勤劳双手改变贫穷

/ 农技专家在黔西县新仁乡化屋村易地扶贫搬迁安置点讲授养殖技术

/ 村干部在黔西县甘棠镇金星村宣讲党的十九大报告

落后面貌的激情被点燃,以苦干实干业绩诠释对以习近平同志为核心的党中央衷心拥护的共识得到了凝聚。在黔西大地,一种立足草根、近接地气、学用结合、知行合一的学习教育实践新模式业已形成。

面对脱贫攻坚中部分群众懒洋洋地"靠着墙根晒太阳、等着别人送小康"的情况,针对少数不法分子为了能评上贫困户、低保户,千方百计钻政策空子,一门心思想发"扶贫"财的情况,黔西县委将讲习所的讲习内容与农村思想政治教育、法治扶贫紧密结合起来,创新开展"集中式""滚动式""上门式"的讲习活动,把国家的法律法规、规章制度以及识别贫困对象的相关标准一遍又一遍地向群众讲清楚、讲透彻、讲明白,把群众"甘当贫困户"的错误观念连根拔除,彻底消除贫困群众的消极懈怠思想,从内心深处唤醒了群众"我要脱贫"的强烈愿望。

政策的传递不仅要快——直抵群众,而且实施要准——落地落实。黔西县委在党的政策宣讲中,充分发挥大数据助力脱贫攻坚的作用,结合互联网时代移动化、可视化、个性化的特征,借助微信公众号、微电影、微视频和多彩贵州"广电云"等新媒体开展"云上讲习",以主题式、条块式的方法及时将党在农村的各项强农惠农政策,特别是乡村振兴战略,精准扶贫、精准脱贫的知识和方法等,根据不同贫困户的不同情况进行对应宣讲,引导他们会用、用好、用活、用足这些政策,早日实现脱贫目标。

/ 农技专家在黔西县洪水镇新桥村讲授香菇种植技术

老百姓听得懂、学得会、能实践，是讲习所与之前农业技术培训班最大的不同。黔西县委紧扣"户户有增收项目、人人有脱贫门路"这一目标，采取先讲再习、边讲边习、以讲促习的方法，到田间地头、到脱贫一线开展特色种植业和养殖业、特色农副产品加工等实用技术讲习，开设了厨艺、编织、家政、汽修、电商等就业技能专题讲习，增强了群众致富奔小康的本领。通过转化运用讲习成果，建立了"村社一体"专业合作社363个，引导贫困户与企业、合作社签订利益联结协议，联结贫困户的6 500头安格斯牛开始繁育、1.22万个蔬菜大棚逐渐产生收益、3.04万群中华蜂养殖项目正在见效、33.27万亩经果林长势良好，"养牛、养蜂、养禽、果蔬"四大特色高效农业产业成效初显，192个"空壳村"打开了"增收门"，2.06万贫困户踏上了"致富路"。

打赢脱贫攻坚战，不仅需要战略指引，更需要不断创新战术。常规思路和办法难以实现"攻坚拔寨"的目标，特别是部分村寨环境脏、房前屋后杂物乱、群众个人卫生差的问题，是一个难啃的"硬骨头"。在开展专项整治过程中，黔西县委不断创新方法、路径，紧紧围绕"村子""寨子""房子""院子"和部分群众的"样子"这五个重点，给每个村划拨了5万元经费，通过小组会、院坝会、板凳会等形式，发动党员干部到群众身边讲习卫生常识、健康知识，宣传爱卫生爱整洁的益处，并通过以奖代补的方式，对带头保持良好卫生习惯的群众发放生活所需物资，拔除了多年来导致农村环境脏乱差的"病根"，初步展现了整洁、舒适、秀美的农村新貌。

榜样的力量是无穷的。作为创新基层宣讲阵地的有效探索，黔西县委坚持把传递好声音、凝聚正能量、形成新风尚作为讲习的一项重要内容，依托"黔西县群英谱"宣传载体，以身边人说身边事，发动"全国三八红旗手"喻朝芬、31年如一日守护学子悬崖求学路的乡村民办教师杨绍书等一批优秀道德模范走上讲台，与广大群众分享他们在脱贫攻坚中的故事，最大限度地激发群众的内生动力和创业激情，提振贫困群众苦干实干的精气神。通过各种邻里互助活动，大力构筑"与邻为德、与邻为善、与邻为乐、与邻为亲"的新型邻里关系，不断提升群众的道德素质和文明水平，为打好脱贫攻坚战营造了和谐稳定的社会环境。

在充分发挥新时代农民（市民）讲习所作用的同时，黔西县委认真贯彻落实习近平总书记关于脱贫攻坚的重要指示，严格按照"四场硬仗""五步工作法"和农村产业革命"八要素"等要求，全力以赴突破制约农村发展和群众脱贫的瓶颈，脱贫攻坚取得了一定成效。截至2018年底，15个贫困乡镇全部脱贫摘帽，209个贫困村全部出列，累计减少贫困人口31 555户129 933人。地处乌蒙山腹地的"中国杜鹃花都"——黔西，正牢牢抓住遍布全县各乡村的新时代农民（市民）讲习所这个推动工作的重要载体，大力宣讲习近平新时代中国特色社会主义思想，大力宣讲党关注民生、重视民生、

/ 农技专家在黔西县洪水镇源水村讲授蔬菜种植技术

/ 毕节市脱贫攻坚党员服务队帮助甘棠镇金星村贫困群众发展蔬菜产业

保障民生、改善民生的执政理念,大力宣讲开启新时代全面小康美丽黔西新征程的总体要求和目标任务,凝聚共识,不忘初心,牢记使命,感恩奋进。

(照片拍摄:史开心)

云南省昆明市寻甸回族彝族自治县 积极推进"农业+",实现贫困村有1~2个主导产业,贫困户有1~2个产业增收项目。实施120个深度贫困村基础设施项目建设,完成23个易地搬迁点、13个宜居农房集中安置点及50 582户农村危房改造建设。严格落实控辍保学"双线十人制",义务教育基本均衡发展,通过国家督导评估。贫困人口基本医疗保险和大病医疗保险实现全覆盖。全县174个行政村(社区)道路硬化率均达100%。坚持党建扶贫"双推进",建立健全责任机制,组建"1+12+16"指挥体系。严格按照程序精准识别贫困户,扶持政策到村到户。县乡村组逐级签订责任书、立下军令状。注重扶贫与扶志、扶智相结合,切实提高贫困群众的生活技能和文化素质。

精细谋划兴产业　精准施策促脱贫

2014年,寻甸县有8个贫困乡、64个贫困村,建档立卡贫困户33 358户127 960人,贫困发生率为26.93%。在党中央的领导下,在省市党委、政府的全力支持下,社会各界鼎力相助,寻甸县坚持党建引领、精准为先,牢牢把握产业增收、住房安全、基础提升、民生保障、廉洁脱贫等几大关键点,全县干部群众凝心聚力、合力攻坚,在决战决胜脱贫攻坚、全面建设小康社会的征程中迈出了新步伐,跑出了加速度,写下了新篇章。截至2018年底,全县累计减少农村贫困人口128 892人,贫困发生率降至0.27%,整体达到脱贫摘帽标准。

实干、苦干、拼命干,聚全县之力决战脱贫攻坚

做法之一是以产业为根,紧扣"不愁吃、不愁穿"基本要求,找准路、开对方,让群众持续增收、衣食无忧。

一是推进"农业+"。推进高原特色现代农业,大力推广烟、薯、菜、畜、禽等特色产业,实现贫困村有1~2个主导产业,贫困户有1~2个产业增收项目,截至2018年6月,累计带动贫困户30 500户,户均增收1 850元。二是推进"龙头+"。制定全县产业扶贫总体规划,遴选农业企业(合作社、人户)187家,采取"党支部+企业(合作社)+基地+建档立卡贫困户""党支部+能人大户+建档立卡贫困户"等方式,并通过多种生产经营模式,与贫困户建立合理紧密稳定的利益联结机制,加快推进

高原特色现代农业发展。三是推进"就业+"。广泛拓展群众增收渠道,实现有劳务意愿的贫困户就业全覆盖。举办技能培训班、开展供需见面会、批量组织输出,2017年,实现农村劳动力转移就业32 028人,其中建档立卡贫困人口7 210人。四是推进"补助+"。为每户贫困户提供7 000元产业扶持资金,给予每个带动贫困户发展的龙头企业3万~5万元奖励资金,通过企业带动、合作经营等方式,每户贫困家庭至少年增收700元。首创并推广农村致富带头人帮扶协会,带动贫困户就业11 380人,促进农户增收500余万元。在贫困群众中选聘500名生态护林员,年人均增收1万元;选聘202名常设护林员,年人均增收8 000元。对建档立卡贫困户中享受农村低保的1 710人,发放最低生活保障金564.4万元;对特困供养的183人,发放特困供养金131.76万元;对临时救助的6 695人,发放救助资金646.06万元,确保绝对兜底,不漏一户、不漏一人。

做法之二是以安居为要,围绕"农村危房全改造"奋斗目标,建新房、修老屋,让家家户户窗明几净、焕然一新。

一是精准实施易地搬迁。实施并完成23个易地搬迁点(涉及976户)、13个宜居农房集中安置点(涉及1 039户)建设,所有搬迁群众喜上眉梢、乔迁新居。二是科学建设安居住房。清零符合改造条件的50 582户农村危房,真正实现"建房为安居、安居好创业"的农村安全住房改造目标。三是整体打造美丽乡村。补齐农村基础设施短

/ 寻甸县危房改造后的美丽乡村

/ 寻甸县召开脱贫攻坚工作例会

板,聚力优化农村环境,实施120个深度贫困自然村基础设施配套项目建设,实现"群众增收"和"家园美丽"双促进。

做法之三是以教育为先,聚焦"阻断贫困代际传递"历史使命,改弱项、提质量,让适龄学生一个不少、专心求学。

一是出台政策加强控辍保学。县级制定细则、方案,落实控辍保学"双线十人制"、承包责任制、动态归零督导制和"一票否决"制,确保辍学学生及时返学和控辍保学工作形成长效机制。二是实施重大工程改善办学条件。2017年,县财政专项安排7 673万元用于义务教育均衡发展专项支出。2017年12月,义务教育基本均衡发展工作以接近满分的成绩顺利通过了国家督导评估。三是落实惠民措施强化资助救助。2014—2017年累计资助学生56.76万人次,发放补助资金3.91亿元。建立"泛海公益助学基金",对各类贫困家庭中当年考入大学和在校的大学生,每人每年资助5 000元,确保建档立卡贫困户学生不因贫辍学。

做法之四是以健康为本,对标"没有全民健康就没有全面小康"基本保障,聚齐力、施好策,让"健康扶贫30条"全面覆盖、人人受益。

一是构筑"五重保障"。建档立卡贫困群众在乡镇住院实施零起付线,按照分级诊疗、转诊转院制度在定点医疗机构住院,合规医疗费用在一级、二级、三级联网结算医疗机构报销比例分别达到95%、85%和80%。二是落实"五项服务"。为全县127 960名建档立卡贫困群众缴纳城乡居民基本医疗保险和大病医疗保险相关费用,确保建档立卡贫困群众全部享受城乡基本医疗保险和大病保险相关待遇。三是实现"四个提升"。推进村卫生室标准化建设;对卫生院进行业务用房扩建,并均配备中医馆(或

/ 寻甸县脱贫攻坚动员宣誓大会现场

中医科）；县第一人民医院和县中医医院均达到二级甲等医院标准。

做法之五是以基础为重，补齐"基础设施配套"弱项短板，修好路、接通水，让村村寨寨五网交织、旧貌换新颜。

一是畅通路网。提升改造国道、完善县乡道路、硬化农村公路，全县 174 个行政村（社区）道路硬化率达 100%，自然村道路硬化率达 80%、通达率达 100%，通村道路危险路段均有防护措施。二是升级电网。实施农村电网升级改造项目 33 项，行政村通 10 千伏以上的动力电覆盖率达 100%，所有自然村均通 380 伏动力电且具备新增用户接入能力。三是连通互联网。全县 174 个行政村（社区）及所在地学校和卫生室光纤网络实现全覆盖，行政村及所辖自然村广播电视覆盖率达 100%。四是改造水网。全面完成 185 130 人的饮水安全巩固提升工程，实现农村饮水安全全覆盖；完成覆盖全县水源点的水质检测工作，饮水安全有保障工作全面达标。五是打造服务网。完成 121 个行政村村级活动场所、503 个村民小组活动场所建设。推动 111 项便民服务事项进入综合服务平台办理，提高村级便民服务水平和经济发展能力。

会干、能干、创新干，汇全县之智打造寻甸示范

一是坚持党的领导，强化组织保证，落实脱贫攻坚一把手负责制，县乡村三级书记一起抓，为脱贫攻坚提供坚强政治保证。县级组建总指挥部，各行业和乡镇（街

道)分别成立12个分指挥部和16个"战区"指挥部,形成上下联动、条块结合的"1+12+16"指挥体系。同时,建立相关工作机制,确保全县一盘棋,不落一个人。坚持党建扶贫"双推进",建立健全"书记抓、抓书记"的责任机制,实施农村党员带头致富、带领群众致富"双带"工程,教育、带动并帮扶贫困户通过勤劳增收达到脱贫目标。全面加强村级活动场所建设,提高村(组)工作经费和村组长待遇。党员亮身份、干部转作风,以"钉钉子"精神,推进脱贫攻坚,传递正能量。

二是坚持精准方略,提高脱贫实效,切实解决好扶持谁、谁来扶、怎么扶、如何退的问题,确保扶贫扶到点上、润到根上。严格按照相关程序,精准锁定贫困对象,认真组织开展"回头看"和"走基层、深调研、找问题、补短板、促攻坚"等专项行动,做到"不漏评一人、不错评一户"。编制精准脱贫攻坚项目库,因地制宜实施基础设施、产业发展、社会事业、生态保护等民生工程,狠抓农村土地整治、危房改造、易地搬迁、地质灾害整村搬迁避让及工程治理、道路硬化、农田水利等项目建设,明确受益对象、实施内容、投资规模、进度安排、责任分解,切实提高项目精准度。做到一户一本台账、一户一个计划、一户一套帮扶措施,明确工作进度和责任主体,确保产业发展扶持到村到户、生产生活条件改善到村到户、致富能力提升到村到户。

三是坚持从严要求,促进真抓实干,把全面从严治党要求贯穿脱贫攻坚工作全过

/ 寻甸县推进高原特色薯产业发展

程和各环节,确保真实脱贫、廉洁脱贫。实行脱贫攻坚周例会制度,按月、按周制定下发脱贫攻坚任务清单,分解责任到人、时间到天,构建起横向到边、纵向到底的责任体系。执行一周一安排、一周一督查、一周一销号、一周一通报的"四个一"工作机制,做到项项有督查、项项有回应、项项有落实。逐级压实责任,县委书记、县长向市委、市政府递交责任书,立下军令状,县乡村组逐级签订脱贫攻坚责任书和军令状,挂钩帮扶领导干部与建档立卡贫困户签订脱贫责任承诺书,确保思想认识聚焦、精力投放到位、工作推进有力。开展"廉洁脱贫问效年"活动,把扶贫领域监督执纪工作纳入党风廉政建设责任制检查考核内容,严格落实扶贫领域监督执纪问责五项工作机制,对扶贫领域腐败和作风问题进行专项治理,组织开展扶贫领域专项巡察和专项纪律检查,严肃查处扶贫领域违纪违规问题。

四是坚持群众主体,激发内生动力,充分调动贫困群众积极性、主动性、创造性,用人民群众的内生动力支撑脱贫攻坚。注重扶贫与扶志相结合。举办"双讲双评"活动1 643场次,参加的讲评干部、驻村扶贫工作队员有5 257人次,参与的讲评群众有55 862人次。从源头上转变"等靠要"思想,变"要我脱贫"为"我要脱贫"。注重扶贫与扶智相结合。举办1 828场次"两学三比"活动,提高贫困群众生活技能和文化素质,营造良好氛围,树立新风正气。注重短期和长效相结合。抓细抓准动态管理工作,及时掌握农村群众低保、医保、入学等情况变化,筛选疑似贫困对象,及时识别新致贫、返贫群众,做到更有针对性地开展帮扶。

(照片提供:马克军)

/寻甸县推进高原特色畜牧业发展

云南省怒江傈僳族自治州贡山独龙族怒族自治县独龙江乡 成立以乡党委书记为组长的脱贫攻坚领导小组,强化保障,压实责任。结合工作实际派往贫困村驻村工作组和产业指导员。驻村工作组人员工作重心在联系村,做到常下村、常入户、常下地。安居工程保障群众住房,基本生活保障让困难群众无后顾之忧,就医保障解决困难群众看病问题,十四年免费教育解决教育致贫问题,产业扶持保障群众稳定增收,基础设施建设保障群众生产生活。落实项目建设责任制,加强扶贫项目和资金管理。不准随意调整项目,所有资金不能挪作他用,各村将项目资金的计划分配、使用情况张榜公布,接受群众监督。2018年,全乡经济总收入2 859.96万元,农民人均纯收入6 122元。

全国脱贫攻坚奖组织创新奖

一跃千年奔小康

独龙江乡辖6个行政村、26个自然村落、41个村民小组、1 136户4 172人,独龙族人口占总人口数的99%。2018年,全乡经济总收入2 859.96万元,农民人均纯收入6 122元。

精准谋划,以更明晰的思路引领脱贫

一是夯实基础,摸清真情。通过逐户走访、核查信息、完善台账,结合全乡脱贫任务情况,将年度目标任务分解到村、落实到户。组织乡村组干部和党员群众代表走访了解贫困家庭的经济、劳动力等情况,严格按照相关程序对贫困户进行筛查,做到村不漏组、组不漏户、户不漏人。

二是抓住关键,找准路径。建立并严格执

/ 独龙江乡培训妇女独龙毯纺织技能

行"四项清单"制度,即扶贫对象和需求清单、扶贫目标和时限清单、扶贫措施清单和脱贫责任清单。绘制脱贫路线图,挂图作战,确定工作重点,扎实推进专项扶贫、产业扶贫、社会扶贫和兜底扶贫。

三是强化保障,压实责任。成立以乡党委书记为组长的脱贫攻坚领导小组,下设办公室负责日常工作。分管领导亲自抓各项扶贫工作的落实,由专人专门负责扶贫日常业务工作,做到了脱贫攻坚工作日常化,常抓不懈。结合工作实际派往贫困村驻村工作组及产业指导员,要求驻村工作组人员工作重心必须集中在联系村,做到常下村、常入户、常下地,对下联系实际帮扶到户,对上根据需求积极争取项目,重点加强贫困村的基础设施建设。

/ 独龙江乡娜路底安置点

精准发力,以更有效的举措推动脱贫

一是安居工程保障群众住房。根据帮扶项目规划,积极推进安居工程和整村推进项目建设。整乡推进整族帮扶期间共建成安置点26个、安居房1 068户,建成安居房配套厨房682间。2017年投入资金760万元,新建厨房418间,实现厨房全覆盖。实施幸福公寓项目,通过进一步的数据复核,筛选出重点帮扶户,建设幸福公寓20套,总投资224.5万元。幸福公寓建好后,有效解决了独龙江乡部分农户住房不达标问题。

/ 特色产业助推脱贫攻坚,苹果丰收,群众增收

二是基本生活保障让困难群众无后顾之忧。建立贫困人口最低生活保障体系,对符合低保条件的对象按程序纳入农村低保范围,以维持其基本生活。脱贫攻坚工作开展以来,全乡各项民政资金支出累计24.07万元,发放救灾棉被200余床,累计受益群众40余户。

三是就医保障解决困难群众看病问题。加强农村基层医疗卫生服务机构基础设施建设,改善医疗卫生服务条件,促进贫困人口更加均等地获得公共卫生和基本医疗服务,逐步解决群众因病致贫、因病返贫问题。全乡新型农村合作医疗参保人数达4 032人,城镇医疗参保人数72人,参保总金额595 500元,参保率达98%。大病保险实现全覆盖,建档立卡贫困户家庭医生签约服务覆盖率100%。

四是十四年免费教育解决教育致贫问题。全乡学校占地总面积达2.37万平方米、生均38.98平方米,校舍总面积1.33万平方米,中小学在校生605人。全乡适龄儿童入学率100%,初中阶段毛入学率100%,巩固率100%。"两基"工作不断提高,教育教学改革稳步推进,"两免一补"政策得到落实,"控辍保学"工作紧抓不放,"两基"档案严格管理,扫盲工作常抓不懈,教师队伍建设不断加强。实现独龙族贫困户孩子从学前班到高中十四年免费教育。

五是产业扶持保障群众稳定增收。2017年底全乡大小牲畜存栏23 679头（只）、出栏12 210头（只），累计种植草果66 086.5亩、重楼1 640.6亩、花椒8 700亩、核桃8 000亩、茶叶94.5亩，扶持独龙鸡、独龙猪养殖户80户，建成独龙原鸡保种和控繁基地1个，完成独龙牛投放1 153头，建成草果烘干厂1家、独龙蜂4 625箱、珠海扶持羊肚菌种植项目365亩（珠海投资200万元、县级整合300万元）。2017年全乡草果收入接近1 500万元，人均增收4 134元。

六是基础设施建设保障群众生产生活。建成31个村民文化活动室、28个篮球场、84个卫生公厕和22个垃圾焚烧炉，完成了各村组路面硬化和各村排污沟、庭院整治以及人畜饮水工程项目建设。截至2017年底，全乡建成水泥和沥青公路150公里，通组公路27公里，新开挖3条公路总长25.7公里，硬化6条通组公路25.5公里。建成3座永久性跨江大桥、11座人马吊桥。

严抓风纪，以严格制度加强扶贫项目和资金管理

及时对项目和资金的使用情况进行检查，严格全乡项目和资金的管理和使用。对检查、审计中发现的问题，特别是截留、挤占、挪用、贪污、挥霍扶贫资金的，一查到底。

/ 开展美丽乡村环境整治，村民在公路沿线种绿植

/ 独龙江乡马库村村委会

要求参与项目建设和管理的单位要明确各自责任，坚决落实项目建设责任制。成立项目建设领导小组，一级抓一级，层层抓落实，确保项目建设有序推进。同时做好本级和村级配套资金的筹措。在资金的使用管理上，严明纪律，要求不准随意调整项目，所有资金不能挪作他用，各村将项目资金的计划分配、使用情况张榜公布，接受群众监督。

（照片提供：何莹）

西藏自治区日喀则市亚东县脱贫攻坚指挥部 坚决贯彻落实党中央、国务院和西藏自治区及日喀则市党委、政府关于打赢深度贫困地区脱贫攻坚战的决策部署,始终把脱贫攻坚作为头等大事和第一民生工程。紧紧围绕"两不愁、三保障"目标,举全县之力、汇全县之智,全面动员、全民参与,以辖区7个乡镇、25个行政村为主战场,狠抓产业培育、易地搬迁、生态补偿、转移就业等"十个一批"脱贫措施。打造了帕里牦牛、亚东鲑鱼、温泉疗养、边境贸易等"十大县级扶贫产业基地",建立"公司+基地+合作社+贫困户"的利益联结机制。2016年实现全县贫困户人均收入7 545.8元。2017年10月亚东县成为全区首批脱贫摘帽的5个县区之一。

全国脱贫攻坚奖组织创新奖

压实责任　精准施策　产业扶贫见成效

脱贫攻坚战役打响后,亚东县始终把脱贫攻坚作为头等大事和第一民生工程,坚决贯彻落实党中央、国务院和西藏自治区及日喀则市党委、政府关于打赢深度贫困地区脱贫攻坚战的决策部署,及时成立由县委书记任组长的县扶贫开发工作领导小组,以及由县委副书记和县长任总指挥长、分管副县长任指挥长、相关部门负责同志为成员的脱贫攻坚指挥部。脱贫攻坚指挥部在县扶贫开发领导小组的领导下开展工作,下设办公室和产业组、易地搬迁组、宣传报道组等11个专项组。亚东县脱贫攻坚指挥部在县委县政府的领导下,在市脱贫攻坚指挥部的指导督促下,紧紧围绕"两不愁、三保障"目标,举全县之力、汇全县之智,全面动员、全民参与,以辖区7个乡镇、25个行政村为主战场,以压实责任强保障、识别贫困求精准、精准施策促脱贫、产业扶贫增动力为主要抓手,重点落实"十个一批"脱贫措施。2016年,建档立卡贫困户人均可支配收入7 545.8元,建档立卡贫困对象763户2 506人中有742户2 484名贫困群众自愿申请退出,18户19人长期政策兜底脱贫。2017年7月,经国务院第三方贫困县摘帽试评估组全面评估,全县建档立卡贫困户基本实现"两不愁、三保障"目标,综合贫困发生率1.18%,脱贫工作群众认可度为98.42%,顺利通过国务院第三方贫困县摘帽试评估组考核。2017年10月29日,西藏自治区人民政府宣布亚东县退出贫困县,成为西藏首批脱贫摘帽的5个县区之一。

压实责任强保障

2016年初,由亚东县脱贫攻坚指挥部牵头,县级干部带领8个工作组深入各村,就产业发展和脱贫攻坚情况进行深入调研,之后出台了《亚东县"十三五"时期脱贫攻坚规划》《亚东县打赢脱贫攻坚战的实施方案》。成立了县乡脱贫工作班子,择优选配了乡镇领导班子和扶贫专干,建立了脱贫攻坚工作例会、督查考核、县级干部责任落实等系列制度,夯实了"县抓落实、乡镇专干、村抓到户"和"三级书记"抓脱贫攻坚工作的责任链。按照"人有名、户有卡、村有册、乡有簿、县有档案"的要求,制作了《亚东县脱贫攻坚布局图》,印发了《亚东县精准扶贫工作手册》等10余种手册卡片,建立了精准扶贫结对帮扶、工作推进、帮扶成效等系列工作台账,实行任务倒排、挂图作战,确保了各项工作有力有效推进。

/ 美丽的亚东县多情湖

识别贫困求精准

坚持"公平、公正、公开"的原则,严格按照"户申请、两公示、一公告"的程序,确定扶贫对象。在精准识别方面,亚东县因地制宜、因人施策创新方式方法,以"四见"为基本依据,精准识别建档立卡贫困对象。一是见本人,由本人亲口述说家庭基本情况,并对工作队的调查评估确认后签字按指印;二是见邻居,向邻居侧面打听该农牧户的家电农机、家庭成员健康、读书就业等情况;三是见实物,工作队对农牧户家中的家电、车辆、牲口等要看到实物,掌握新旧程度和数量;四是见证件,让农牧户出示户口本、土地证、残疾证、录取证、住院证等,确保在识别上做到精准无误。同时,开展建档立卡"回头看"工作,做到有举报必核查、有疑问必答疑、有差错必纠正,精准识别建档立卡贫困对象763户2 506人,为精准扶贫和精准脱贫打下了坚实基础。成立了亚东县建档立卡贫困户动态调整工作领导小组,针对乡镇扶贫专干举办动态调整业务培训班,完成建档立卡贫困户的及时清退。

/ 亚东县原始森林风光

精准施策促脱贫

按照"六个精准""八个到位"的工作要求,打出了脱贫攻坚组合拳。在易地搬迁扶贫方面,坚持搬得出、稳定住、有就业、能增收的原则,2016年以来,严格按照基本建设程序,投资1 866.13万元完成易地扶贫搬迁76户,保障了住房安全。在教育扶贫方面,投资600余万元,实施北部乡镇学校地暖、保障性住房等附属设施工程,各学校基础设施不断完善,义务教育均衡发展。落实十五年免费教育政策,逐步提高"三包"及助学标准。建立贫困大学生资助机制。2016—2017学年,对73名全县建档立卡贫困户子女和13名农村低保户在校大学生兑现各级"三免一补"政策,共资助70.43万元,其中本级财政资助47万元。2017—2018学年,对82名在校建档立卡贫困户大学生实施"三免一补"资助政策,防止因学致贫、因贫失学。在健康扶贫方面,制定了《亚东县大病医疗救助及门诊医疗救助工作实施细则(试行)》,落实贫困群众基本医疗保障、重特大疾病和特殊门诊报销政策,依托上级医院实施大病重病集中救治。实行结核病患者、包虫病患者包户包人网格化救治管理,定期家访诊治,本级财政为包虫病患者解决医疗、陪护、交通等费用,实现患者治疗费用"零"支付,防止因病致贫。2016年为全县437名农牧民实施医疗救助的费用为371.94万元;2017年为全县18名集中救治的大病患者报销医疗费16.6万元,为333名农牧民实施医疗救助的费用为96.64万元。在生态扶贫方面,采取定岗定责和政府购买服务方式,2016年设立生态岗位1 506个,按照履职情况兑现岗位补助451.8万元;2017年设立生态岗位1 631个,兑现岗位补助489.3万元。在就业扶贫方面,以市场需求为导向,开展实用技能培训,提高就业技能,实现就业增收。2016—2017年,组织310名建档立卡贫困人员进行培训,落实培训资金1 137万元,实现转移就业2 975人次,就业增收1 939万元。2016年以来,依托亚东特色产业基地,农牧民群众实现稳定就业180人,年人均增收3.6万元。在金融扶贫方面,落实创业期群众享有免税、金融风险担保贷款、政府无偿投入等资助措施,建立金融服务档案,推出"免抵押、免担保、三年期、五万元、财政贴息、风险分担"的扶贫小额信贷产品,满足建档立卡贫困户发展生产的需求。采取评选创业带头人、领头雁等激励措施,切实提高建档立卡贫困户自我发展能力和自主创业积极性。2016年对39户建档立卡贫困户放贷170万元,2017年对114户建档立卡贫困户放贷628万元。在社保兜底扶贫方面,制定了《亚东县特殊帮扶救助资金实施方案》,2016年对114户困难家庭实施16.66万元临时救助,为984名无劳动能力困难群众提供定向补助152.43万元,为纳入低保、五保兜底人群提供保障资金192.4万元;2017年对57户困难家庭实施21.83万元临时救助,为891名无劳动能力困难群众提供定向补助70.3万元,为纳入低保、五保兜底人群提供保障资金88.7万元。在社会扶贫方面,坚持党员干部与结对帮扶户脱贫不脱钩原则,深入开展"312"结对认亲帮扶行动,"扶智扶志"同时发力。深化"百企帮百村"活动,动员县内企业发展光彩事业,履行社会责任。14家建筑公司与10家农牧民施工队建立长期结对机制,资助大学生8名、帮扶60岁以上老人10人。

/ 雪山下的亚东县

产业扶贫增动力

亚东县始终把培育产业作为推动脱贫攻坚的根本出路。在充分考虑资源、市场需求、产业基础、区位优势等因素的基础上，围绕边贸旅游、亚东鲑鱼、帕里牦牛、高原食用菌等"四大"特色优势产业，制定了产业发展规划和实施方案，提出了"建立基地、培育龙头、壮大规模、带动农户"的产业发展思路，打造了岗巴羊短期育肥、帕里牦牛扩繁、草业、生态休闲、蔬菜（木耳）生产、亚东鲑鱼养殖、绿色食品加工、温泉疗养、边贸、边境旅游等"十大县级扶贫产业基地"。按照扶贫产业"项目对人、人对项目"的效益分配要求，健全"公司+基地+合作社+贫困户"经营模式，成立西藏洞朗牦牛产业发展有限公司、西藏高峰生态科技有限责任公司、亚东亚境旅游文化发展有限责任公司等企业。与上海农科院签订了亚东食用菌及高原特色农业科技合作协议，与上海海洋大学签订亚东鲑鱼繁育的"产、学、研"合作协议，实现了科研院所、企业、基地、合作社、农户利益共联，无缝对接，有力推动了亚东特色产业的发展。亚东木耳、帕里牦牛获得国家地理标志认证，央视农业频道对亚东鲑鱼、亚东木耳、帕里牦牛进行了专题报道。完成第一批亚东鲑鱼罐头代加工，实现销售额229.16万元；第一批帕里牦牛肉罐头和袋装卤制品、牦牛鲜肉、骨片等实现销售额271万元。特色产业从"体系不健全"向"企业化统一管理"模式转变，特色产品从"无"到"有"继而向"品牌"转变。制定了《亚东县扶贫产业利益分配指导意见》，实行脱贫攻坚南北协作机制，在南部林区各类产业收益中提留5%作为扶贫协作资金，扶持基础条件较差的北部高海拔地区产业发展。2017年，西藏洞朗牦牛产业发展有限公司带动648户农牧民（其中建档立卡贫困户167户）增收500余万元。纯丕鲑鱼繁育基地带动切玛村25户73名建档立卡贫困群众年人均增收3 424元。"十大县级扶贫产业基地"直接受益群众1 443户（其中建档立卡贫困户194户），每年将稳定就业278人，辐射带动群众增收1 827.12万元。

下一步，亚东县将全面巩固提升脱贫攻坚成果，坚持创新、协调、绿色、开放、共享发展理念，统筹推进"五位一体"总体布局，协调推进"四个全面"战略布局，坚决打赢"三大攻坚战"，坚定实施"七大战略"。继续以边境小康村建设为抓手，深入实施乡村振兴战略，打造设施完善、产业兴旺、生态良好、环境优美、魅力独特的宜居宜业宜游边境，让边民群众感党恩、听党话、跟党走，一心建设边疆、发展边疆、守护边境，用实际行动践行习近平总书记"做神圣国土的守护者、幸福家园的建设者"的重要指示精神。

（照片提供：西藏自治区日喀则市亚东县脱贫攻坚指挥部）

陕西省汉中市镇巴县 是国家扶贫开发工作重点县、秦巴山区集中连片特困地区县和省级深度贫困县。脱贫攻坚战打响以来，着眼全县贫困人口数量多、因病致贫返贫比例高的实际情况，坚持疾病防治控增量、减存量"两手抓"，全面推行"2+2+1"家庭医生签约服务模式，着力构建"互联网+健康扶贫"信息化服务载体，创新实施"四步筛查"精准识别法，建立健全"一二五"健康扶贫工作保障机制。全县因病致贫、因病返贫户由 2016 年的 9 862 户减少至 2018 年 6 月底的 2 814 户，实现了贫困群众"看得起病、看得好病、方便看病、少生病"的目标，创造性地走出了一条山区贫困县"小钱办大事""健康促小康"的健康扶贫新路子。镇巴县因健康扶贫工作获得"全国健康扶贫先进县""全国优秀家庭医生团队奖"等殊荣。

全国脱贫攻坚奖组织创新奖

以新理念开辟健康扶贫的"镇巴路径"

镇巴县位于陕西省南端，地处巴山腹地，总面积 3 437 平方公里，总人口 28.9 万，是国家扶贫开发重点县和陕西省 11 个深度贫困县之一。全县有贫困村 129 个，建档立卡贫困户 17 639 户 48 968 人，其中因病致贫 7 450 户，占贫困户总数的 42%；因病致贫 18 625 人，占贫困人口总数的 38%。因病致贫返贫是最主要的致贫因素。

2016 年以来，镇巴县把健康扶贫作为脱贫攻坚的"开山之斧"，打造"2+2+1"家庭医生签约服务模式，构建"互联网+健康扶贫"信息化服务载体，实行精准识别"四步筛查"工作方法，探索"一二五"健康扶贫保障机制，推进疾病预防"八大行动"控增减存，取得了显著成效。全县在册贫困人口新农合参保率达 100%，县域内就诊率达 93%，居全省首位、全国前列。贫困人口住院实际报销比例由 58% 提高到 86%。截至 2018 年 6 月，因病致贫返贫户由 2016 年的 9 862 户减少至 2 814 户。镇巴县较好地实现了贫困群众"看得起病、看得好病、方便看病、少生病"的目标，开辟了健康扶贫的"镇巴路径"，先后获得"全国健康扶贫先进县""全国优秀家庭医生团队奖"等殊荣。

全面推行"2+2+1"家庭医生签约模式，健康管理不断提质增效

镇巴县创新实行"2+2+1"（村医和村卫计专干各 1 人 + 镇级医生和公卫专干各 1 人 + 县级指导人员 1 人）家庭医生签约服务模式，真正把签约服务做细做实，靶向破解

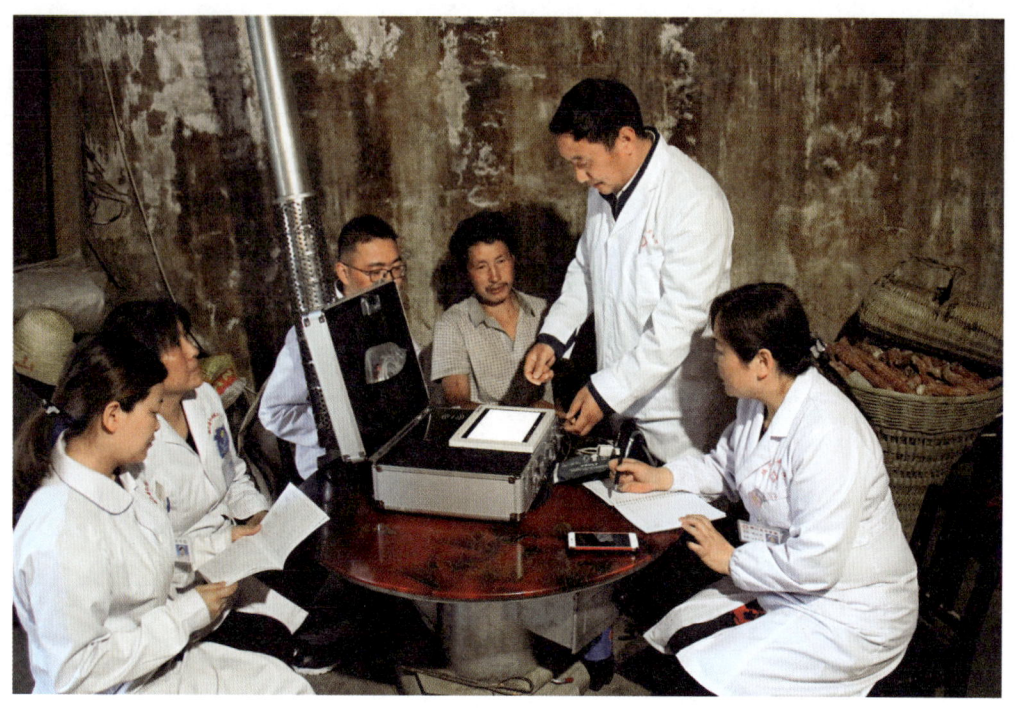

/ 县镇村家庭签约医生入户随访，为村民检查身体

山区贫病群众看病难问题。一是组建签约团队，明确职责任务。整合全县卫计队伍和医疗资源，抽调县镇村686名医生组建180个家庭签约医生团队，规定签约服务内容和服务频次，实行队长负责和持证上岗制。明确县级负责技术指导、业务培训，镇级负责进村服务、入户随访，村级负责送医送药、组织体检。每月聘请国内知名医学专家来县授课，提高签约医生服务能力。二是规范服务方式，夯实服务内容。以"菜单"形式，设定免费与付费两种服务包，免费服务包为基础包，付费服务包分为初级包、中级包、高级包。签约服务以贫困人口、老年人、孕产妇、儿童等人群为重点，逐步扩展到普通人群，最终实现全覆盖。全县以家庭为单位共签约贫困户"免费包"17 639个，非贫困户"付费包"1 701个。对签约患者实行"一病一方"和"一户一策"服务管理，高血压、糖尿病、严重精神障碍、结核病规范化管理率分别达83.3%、83.4%、72.7%和100%。三是提升服务内涵，保障签约质量。将签约服务与分级诊疗相结合，落实双向转诊制度，引导患者在基层首诊。上转患者住院连续计算起付线，下转患者免起付线。赋予签约医生一定比例的二级医院专家号源、预留床位，对贫困人口开通预约诊疗、医保代办等特色服务。自主研发了家庭医生签约服务管理软件，为村医和村卫计专干配发了智能手机。家庭医生在随访过程中，可通过手机实时上传服务内容和图片，确保了签约服务质量。四是强化考核激励，倡导真情服务。将签约服务纳入卫计系统目标

/ 镇巴县兴隆镇水田坝村70岁老人张仁美拉着县医院和兴隆镇卫生院医生的手舍不得松开,送了一程又一程

责任考核,按月评选签约服务"星级团队",作为评优树模、个人职称晋升的重要参考。整合医保、公共卫生和财政资金560万元,按照因病致贫每人每年80元、其他贫困人口每人每年50元的标准,核定签约服务费。开发村级公共卫生公益性岗位180个,按照每月500元标准落实服务报酬,稳定村级签约服务队伍。

试点先行"互联网+健康扶贫"项目应用,用信息技术提升服务效能

"让信息多跑路、让群众少跑腿。"镇巴县利用全国"互联网+健康扶贫"应用试点项目落户汉中的有利契机,先行先试,积极开展"智慧卫健"探索,建成移动家庭医生签约服务系统,实现远程医疗诊断,让大山深处28.9万群众享受最新医疗科技福利。一是构建"互联网+健康扶贫"数据平台。同国家卫健委开展战略合作,以大数据平台为轴心,在全国率先实现本县居民健康档案、电子病历、医疗结算与健康扶贫业务数据的互通共享,进行数据分析和研判,构建贯穿居民生命全周期的健康数据链。利用医疗大数据对医疗机构进行实时监管,使扶贫资源得到最大化利用。二是开发移动家庭医生签约服务管理系统。推进"互联网+健康扶贫"的创新应用,开发家庭医生签约服务管理和电话跟踪随访系统软件,专门用于家庭医生签约服务信息传递。在卫生信息系统增

/ 全国贫困人口慢病签约服务现场推进会在镇巴县召开

加贫困户就诊即时通功能,家庭医生通过手机 App 就能掌握群众的就医动态,开展健康档案信息查询、预约服务和医患交流等,签约服务真正实现了信息化、智能化管理。三是大力开展远程诊疗服务。发挥互联网优势,推进医疗卫生信息平台建设,为基层医疗机构提供预约诊疗、远程培训、远程医疗等服务。为首批 6 326 名慢病贫困群众建立电子档案,实行在线慢病管理。截至 2018 年 6 月,累计在线医学教育培训 3 600 余人次。全县 183 个村卫生室、21 个镇卫生院、3 家县级医院与 8 家省市三级医院建立远程诊疗服务体系,截至 2018 年 6 月,累计 2 700 余人次接受远程诊疗,农村群众在家门口就能享受到大医院专家的诊疗服务。

创新实施"四步筛查"工作方法,因病致贫得到精准识别

为摸清全县因病致贫、因病返贫底数,实现精准识别、因人施治,镇巴县在全省率先推行以体检筛查为重点的"四步筛查"工作法。第一步,制定标准。出台《镇巴县健康扶贫"四步筛查"实施方案》,统一体检标准、统一筛查方案、统一组织培训、统一抽调人员、统一调配设备,确保筛查识别有章可循。第二步,体检甄别。按照"县主导、镇组织、村协助"的原则,采取镇卫生院集中体检、行动不便患者上门体检等方式,组织县内 40 名专家、骨干医师,并邀请西安交大一附院和陕西省肿瘤医院 17 名专家,走遍全县 20 个镇 183 个村,对因病致贫群众进行全面体检筛查。第三步,对比核查。组织县镇村三级逐人逐户核查会审,并与扶贫管理系统数据进行比对,厘

清致贫主次原因，经公示最终确定因病致贫返贫 7 450 户 18 625 人，比体检甄别前分别下降 28 个百分点和 20.4 个百分点，为精准帮扶、靶向施策奠定了坚实基础。第四步，评估分类。筛查确认的贫困患者由县镇村三级医生联合开展分析评估，精准分类。全县确定因病致贫 9 162 人，其中大病 2 526 人、慢病 6 326 人、重病 310 人，逐人建立电子健康档案，并按照大病集中救治、慢病签约管理、重病兜底保障的"三个一批"策略实行精准救治。

建立健全"一二五"健康扶贫保障机制，全民健康实现长久守护

镇巴县把促进全民健康作为脱贫攻坚、实施乡村振兴战略的关键任务，确立"健康镇巴"战略目标，抓牢"减存量、控增量"两个重点，构建统筹协作、服务保障、能力提升、健康管理、督查考评"五大体系"，形成"一二五"健康扶贫保障机制。一是统筹协作体系。建立县委、镇办书记主抓，县长、局长、镇长主责，以镇村干部、第一书记、帮扶责任人、签约医生"四支队伍"为主体的"234"领导机制，以及县级"三线协作"（党政、业务、协会）、镇级"四个统筹"（工作谋划、业务协调、人员安排、经费保障）、村级"六位一体"（学习办公、开展工作、参加培训、接受督导、共享信息、考核奖惩）的"346"责任体系，形成健康扶贫工作合力。二是服务保障体系。全面推行"基本医保＋大病保险＋民政救助＋补充医疗保障＋其他方式（社会捐助、爱心基金等）"的"4+X"医疗保障体系，切实提高贫困人口医疗保障水平，贫困患者住院报

/ 健康扶贫宣传队在镇巴县碾子镇进行文艺演出

销比例达到 86% 以上。三是能力提升体系。在县财政自给率不足 5% 的情况下，筹资近 4 亿元，实施中医院整体迁建和县医院综合楼建设，扩建 6 所片区中心卫生院，建成 183 个标准化村卫生室，统一配备快速检测仪、健康管理一体机等医疗设备。县级医院与省市三级医院组建医联体 2 个，与镇卫生院组建医共体 21 个，覆盖全县 25 家医疗机构。县财政每年给予卫计人才专项基金 200 万元预算，2016—2018 年共引进、培养医学人才 460 人。四是健康管理体系。与西安交大口腔医院、汉中 3201 医院等三级医院建立协作机制，对大病患者进行分类管理、定点救治。以签约医生村村宣讲、创建健康医院、建立智慧卫计等多种形式，强化健康教育和健康促进，落实基本公共卫生、妇幼保健项目，开展传染病专病专防和地方病综合防治工作，深入推进疾病防控"八大行动"，让群众"少生病"。与西安交通大学联合开展以居民健康素养、慢病患病率及危险因素核查为主要内容的国家重点研发计划"精准医学研究"项目，率先在全国启动精准健康工作。五是督查考评体系。把健康扶贫纳入县委县政府工作督查范围，每年组织人大代表、政协委员视察 1 次以上；注重过程考核，实行月检查、季点评、年终考核排名；坚持考用结合，将健康扶贫考核结果与干部任用、评优树模、职称晋升和绩效考核挂钩，对出现严重问题的，坚决实行"一票否决"。

天道酬勤，镇巴县对解决深度贫困地区因病致贫、因病返贫这一难题做了积极有益的探索，为打赢健康脱贫攻坚战提供了一条特色鲜明的"镇巴路径"。

（照片拍摄：魏剑　梁红梅　郗真文）

陕西省延安市扶贫开发局 认真贯彻落实习近平总书记重要讲话精神，牢记使命，严格履行脱贫攻坚工作职责，通过抓统筹强推动、抓组织强队伍、抓协调强服务、抓培训强宣传、抓机制强落实，充分发挥参谋助手作用，凝聚多方力量，全力推进贫困户脱贫、贫困村出列、贫困县摘帽，在推进延安革命老区打赢脱贫攻坚战、全面建成小康社会道路上做出了突出贡献。截至 2018 年底，全市累计实现 19.52 万人脱贫，贫困人口由 20.52 万人减少到 1 万人，贫困发生率由 13.2% 下降到 0.66%；693 个贫困村全部出列。

牢记职责使命　创新方法举措
在打赢脱贫攻坚战中发挥主力军作用

2015 年以来，延安市认真贯彻落实习近平总书记在陕甘宁革命老区脱贫致富座谈会上的重要讲话精神，把脱贫攻坚作为首要政治任务和第一民生工程，坚持精准扶贫、精准脱贫的基本方略，按照稳中求进和时间服从质量的总要求，全面实施"八个一批"工程，全力改善贫困地区基础公共服务设施条件，脱贫攻坚取得了显著成效。截至 2018 年底，全市累计实现 19.52 万人脱贫，贫困人口由 20.52 万人减少到 1 万人，贫困发生率由 13.2% 下降到 0.66%；693 个贫困村全部出列。

在这场如火如荼的脱贫攻坚工作中，延安市扶贫开发局牢记职责使命，大力弘扬延安精神，不断增强打赢脱贫攻坚战的政治担当和行动自觉，充分发挥市脱贫攻坚领导小组办公室、市脱贫攻坚指挥部办公室的职能作用，认真履行脱贫攻坚参谋员、协调员、联络员、督导员、服务员的职责，统筹各方资源，动员一切力量，创新方法举措，真抓实干、埋头苦干，着力推进专项扶贫、产业扶贫、社会扶贫齐头并进，在延安革命老区打赢脱贫攻坚战、全面建成小康社会的道路上做出了积极贡献。

抓统筹、强推动，发挥参谋助手作用

一是在工作思路上发挥参谋作用。在广泛深入调研的基础上，助推市委市政府制定出台了《延安革命老区贯彻落实习总书记重要指示精神率先脱贫致富全面建成小康社会

/ 延安市扶贫开发局局长朱东平（左二）与贫困户共话美好未来

行动方案（2015—2020年）》《关于举全市之力打赢脱贫攻坚战的实施意见》等一系列政策文件，确定了到2018年实现全市整体脱贫、到2020年与全国人民一道进入小康社会"两步走"的工作思路。

二是在目标统筹推进上发挥参谋作用。紧盯年度减贫目标任务，每年2月13日前，组织召开全市学习贯彻陕甘宁革命老区脱贫致富座谈会精神座谈会，重温习总书记讲话精神，增强各级各部门打赢脱贫攻坚战的政治自觉和行动自觉。根据阶段性工作推进情况，组织召开市脱贫攻坚领导小组会、市脱贫攻坚指挥部专题会、年度脱贫攻坚工作会等，分析形势，研究问题，破解难题，统筹推进。

三是在重点工作环节上发挥参谋作用。按照市委市政府安排，积极有序推进各级领导干部驻村蹲点调研、签订脱贫攻坚"军令状"、基础设施"三提升"、易地扶贫搬迁一年启动三年建成、农村危房改造"清零"行动、特色产业培育等重点工作，全面贯彻落实就业扶贫、健康扶贫、教育扶贫等各项政策，努力在工作重点、问题焦难点上，出主意、想办法，发挥参谋作用，使各项决策能真正抓住打赢脱贫攻坚战的"牛鼻子"。

抓组织、强队伍，发挥主力军作用

脱贫攻坚是一场硬仗，必须要有一支能打硬仗、会打硬仗的扶贫队伍。为了迅速适应新时代打赢脱贫攻坚战的形势和要求，在全市及时建立了强有力的脱贫攻坚干部队伍体系。一是健全组织和体系。在市县成立以党委书记为组长的脱贫攻坚领导小组，以党委副书记为总指挥的脱贫攻坚指挥部的基础上，按照"六个精准""五个一批"的要求，又指导和督促市县成立了"八办两组"。八办，即产业扶贫、就业扶贫、易地搬迁、危房改造、生态扶贫、健康扶贫、教育扶贫、兜底保障8个办公室。两组，即基础设施保障组、资金投入保障组。同时推动乡镇建立了扶贫工作站，每个行政村配备1~2名信息联络员。二是实现帮扶领导力量定位。建立了市级领导包抓县区、乡镇、贫困村制度，将35名市级领导定位在13个县区、35个贫困村重点包抓帮扶，选派153名市直部门县级后备干部到脱贫攻坚一线锻炼，扛起重要责任。同时要求县区四套班子主要领导、县区委常委等县级领导干部也全部包镇、包村、包户。三是整合"四支队伍"力量。选派37 470名市县区党政企事业单位优秀干部开展联户扶贫，1 784名优秀党员干部担任贫困村和党建后进村第一书记，组建1 546个驻村工作队，实现了全市所有贫困村村村有驻村工作队、户户有包扶责任人。全面整合驻村工作队、第一书记、乡镇包村干部、村"两委"干部"四支队伍"工作力量，形成脱贫的有力"铁拳"。四是转变扶贫部门职能。依照市委意见，积极督促县区扶贫部门由政府议事协调机构或事业单位，转换为政府职能部门，并设立了扶贫信息监测中心，增加了人员编制，扶贫系统干部队伍得到发展壮大。

抓协调、强服务，发挥凝聚力作用

扶贫开发局作为第一责任部门，加强与各部门的协调对接，实现信息资源互通共享，建立脱贫攻坚一体化工作机制，凝聚全市脱贫攻坚强大合力。围绕全市高质量整体脱贫目标，综合协调、重点服务，促进了各级各部门心往一处想、劲往一处使。从大事、难事上与部门、县区共促共抓，一系列重点工作推进快、成效好。

一是全面服务推进基础设施"三提升"工程。主动对接市发改委等部门，下县到村实地查看任务，拿出意见共同向市委市政府汇报，使基础设施"三提升"工程全面启动，共新建76个未通畅建制村沥青（硬化）路446公里，98个行政村"油返砂"公路569公里，实施571处安全饮水提升工程，常住30户以上村组通动力电全部达标。全面解决行政村不通沥青（硬化）路、饮水不安全、常住30户以上村组不通动力电的问题。

/ 延安市扶贫开发局部分班子成员在宝塔区枣园庙沟调研产业扶贫

二是全面服务推进"两房"建设。在 2016 年一次性启动了 1.73 万户、5.63 万人易地扶贫移民搬迁项目，建设集中安置点 117 个，集中安置率 94.4%。全面推进了农村危房改造"清零"行动，2018 年对全市农村危房进行全面排查，共实施了 7 409 户危房改造，全面消除了农村居民住房安全隐患。

三是全面服务推进培育壮大脱贫产业。把产业扶贫作为贫困群众稳定脱贫的治本之策，立足全市林果、棚栽、养殖三大主导产业，为 39 420 户建档立卡有劳动能力贫困户全部建立了长线增收产业，并进行了多轮次重点督办，全面跟踪监督产业扶贫资金到村到户。2017 年，全市苹果种植面积达到 366 万亩，总产量达 323 万吨，约占全国总产量的 1/10，苹果产值突破 100 亿元；100 多万人从事苹果产业，覆盖了有劳动能力贫困人口的 70% 以上，果业收入约占到农民人均可支配收入的一半以上。2018 年春季新建果园 8.41 万亩，为计划退出的 4 393 户贫困户新建苹果园 1.15 万亩、各类杂果园 0.07 万亩，户均发展苹果园 2.6 亩。深入推进了以苹果为主的农产品后整理产业。围绕苹果分级分选、冷链物流、包装储藏、精深加工和营销推介等工作，新建成 9 条选果线、容量为 3.1 万吨的冷（气）库，着力打造"洛川苹果、延安苹果、梁家河苹果"三个品牌，实现了农民收入倍增。2017 年，通过后整理产业带动农产品产值增加 94.7 亿元，农民人均增收 2 340 元，仅苹果一项年产值就增加 20 多亿元，贫困户果农人均增

/ 延安市扶贫开发局的同志在帮助贫困户干农活

收 1 000 多元。全面开展农村产权制度改革,围绕"三权定心、三变发力、产业转型、打赢脱贫"主题,确定推进全市 200 个试点村进行"三变"改革,全面推广"党支部+龙头企业+合作社+贫困户+三变改革"脱贫模式,使农民、集体、企业联股联利联心,真正把贫困户嵌入了产业链,贫困群众脱贫积极性大大提高,涌现出安塞区南沟村、黄陵县索罗湾村等一大批农村"三变"改革示范点。

抓培训、强宣传,发挥示范引领作用

一是加强帮扶干部培训。针对干部不会干、干不好等突出问题,开展多层次、全方位培训,做到了市委组织部对全市第一书记、驻村工作队培训全覆盖,市扶贫开发局对全市扶贫系统干部培训全覆盖,县区对"四支队伍"、各级联户帮扶干部培训全覆盖。

二是丰富宣传形式。每年明确宣传主题,在延安市电视台、《延安日报》开设《帮扶榜样》《脱贫之星》专栏,每天至少报道一名帮扶干部和脱贫之星先进事迹。从 2017 年开始,每季度在《延安日报》晾晒一次县区和市"八办两组"牵头部门工作成绩,每半年召开一次脱贫攻坚系列新闻发布会。总结、挖掘、推广延川县激发内生动力七项行动、安塞区文化扶贫、黄龙县旅游扶贫、洛川县苹果产业扶贫等一批先进典型经验,在全国各大媒体宣传。印发《脱贫攻坚》刊物 22 期,推送延安脱贫信息专报微信公众号

60 余次。

三是激发内生动力。联合市委组织部、市委宣传部共同推行"党建引领、教育引导、村规民约、文明模范、公益救助、司法保障"扶志六法，指导贫困村建立红白理事会、禁毒禁赌会、道德评议会，倡导勤劳致富文明新风，革除红白事大操大办等陈规陋习。筹办标准化农村爱心超市1 505个，通过"积分改变习惯、勤劳改变生活、环境提振精气神、共建文明新乡村"模式，实行正向引导激励，有力地激活了贫困群众从"要我脱贫"转变为"我要脱贫"的内生动力。

抓机制、强落实，发挥基础保障作用

一是完善"四级书记"抓脱贫工作机制。在市、县、乡、村四级书记抓脱贫工作机制的基础上，建立了市级领导包抓县区镇村脱贫、驻村蹲点、奖励激励等制度，要求13个县区和11个市级部门立下"军令状"，层层签订脱贫攻坚目标责任书，做出完不成任务就引咎辞职的承诺。运用"三项机制"，对2017年评选出的5名优秀乡镇党委书记予以提拔使用，并提拔使用脱贫攻坚一线县级后备干部22名，市县两级提拔使用优秀第一书记332名。

二是完善资金投入保障机制。2015年至2018年上半年，全市累计投入各级财政扶贫资金37.3亿元，其中市县两级财政投入23.6亿元。3个贫困县整合涉农资金9.64亿元，督促13个县区全部建立1 000万元以上扶贫贴息贷款担保基金，累计筹措担保基金1.56亿元。互助资金一次性覆盖693个贫困村，同时支持175个主导产业村建立了互助资金协会，资金累计达到2.98亿元，资金周转使用总量超过8亿元，贫困户借款累计达3.7万户次。2018年以来，市县按照不低于当年财政收入的2%、增幅不低于上年30%的标准，落实配套扶贫资金7.64亿元。在中央部委定点扶贫、苏陕扶贫协作、省市县单位联村帮扶、国企助力帮扶等方面累计投入帮扶资金2.8亿元。

三是完善督查督导工作机制。在常态化督查下，实行了市级领导带队督查暗访和主动晾晒成绩接受社会监督等制度，确保按照时间节点，保质保量完成工作任务。同时，坚持动态监测贫困退出达标率，每月实时监测全市贫困户脱贫、贫困村退出、贫困县摘帽相关指标达标完成情况，及时掌握年度减贫工作存在的主要问题，找准问题症结，并在全市进行通报，高质量地推进各项重点工作。

（照片拍摄：杨鹏）

甘肃省平凉市庄浪县 是国家扶贫开发工作重点县和全省深度贫困县，也是全国第一个"梯田化模范县"。在纵深推进扶贫脱贫的实践中，探索提出了"整体工作党委政府推动、产业发展公司化运作、组织生产专业合作社实施、贫困群众入社入股分红"的发展思路。构建了"党组织+国有公司+龙头企业+专合组织+产业大户+贫困群众+金融保险"的产业发展平台。健全完善脱贫攻坚方案体系，推行"'三变'+特色产业"、乡村旅游等10种改革模式，集中力量抓建30个"三变"改革试点村和10个产业发展综合示范区，取得了阶段性成效。

全国脱贫攻坚奖组织创新奖

努力创新体制机制　加快脱贫攻坚步伐

庄浪县紧盯2019年整县脱贫、2020年全面小康目标，聚焦脱贫攻坚重点任务，坚持把产业扶贫作为稳定脱贫的治本之策，立足县情实际，优化产业布局，健全组织体系，创新体制机制，狠抓措施落实，有力推动了农业产业提质增效，为打好打赢脱贫攻坚战、全面建成小康社会、实施乡村振兴战略奠定了坚实基础。

突出问题导向，优化完善工作思路

针对全县贫困人口多、脱贫攻坚难度大，以及产业发展组织化程度低、链条短，贫困村户增收效益不明显和品牌化、市场化发展资金少，投融资渠道窄等问题，庄浪县委县政府积极探索、大胆实践，提出了"整体工作党委政府推动、产业发展公司化运作、组织生产专业合作社实施、贫困群众入社入股分红"的发展思路，建立健全了脱贫攻坚实施方案、单位帮扶规划和贫困户脱贫计划三个方案体系，明确了主攻方向，找准了着力重点，推动了组织领导、工作力量、项目资金向贫困片区倾斜，惠民政策、产业发展、培训资源向贫困群众聚焦，有效提高了脱贫攻坚工作的针对性、精准性和实效性。

突出平台搭建，健全产业发展组织体系

为了有效解决全县外引经营主体难度大、农业产业龙头企业少、带富致富能力弱的问题，统筹整合各方力量，加强顶层科学设计，2017年8月成立庄浪县农业产业扶贫

/ 庄浪县平凉红牛养殖基地

开发有限责任公司（简称县农发公司），在 18 个乡镇设立分公司，在 293 个村建立种植、养殖和林果业专业合作社 879 个。为了把县农发公司打造成现代农业龙头企业集团，坚持社会化融资、规模化发展、集约化经营、市场化营销，全面加快现代化发展步伐，总公司内设种植业、养殖业、林果业、农发商贸和陇原薯业 5 个子公司，在各乡镇和天津、兰州等地设立 41 个分公司，组建农民专业合作社联合社 19 个。围绕建设对港活牛出口基地和平凉红牛核心养殖示范区，与北京雄特牧业集团和平凉红牛集团全面合作，建成标准化肉牛养殖场 52 个，引进澳洲红安格斯和平凉红牛基础母牛 5 500 头。在县农发公司的有力带动下，全县培育壮大县内龙头企业 12 家、家庭农场 620 个、产业大户 963 户，构建了"党组织＋国有公司＋龙头企业＋专合组织＋产业大户＋贫困群众＋金融保险"的产业发展平台，形成了以国有公司为主导、龙头企业为补充、专合组织和家庭农场为支撑、贫困群众为主体的产业发展组织体系，带动 3.96 万户贫困家庭进入其中。

突出"三变"改革，激发贫困群众内生动力

以增资配股、提高分红为目的，整合到村的扶持类、发展类资金 2 000 万元，使 2018 年 40 个预脱贫村每村用于入股发展集体经济的资金达到 50 万元。投入 3 920 万

元,将每村20万元扶持资金按户量化入股到196个优势专业合作社,做到了贫困户入股全覆盖。以县农发公司为依托,采取土地、资金等10种入股方式,推行"'三变'+特色产业"、乡村旅游等10种改革模式,制定相关配套政策,建立综合推进机制,集中力量抓建了30个"三变"改革试点村、10个产业发展综合示范区,完成了61个村的试点任务,并在全县全面推开。截至2018年6月,全县共入股土地6.4万亩,入股资金9 200万元,参与企业18家,参股群众1.32万户(其中参股贫困户6 636户),已分红资金3 600多万元,161个村有了集体经济收入,实现了扶贫与扶志、"输血"与"造血"的有机结合。

突出产业发展,夯实脱贫攻坚增收基础

按照"一业为主、多种经营,长短结合、突出特色"的思路,深入实施产业扶贫"十百千"(市场化运作建成30个产业综合示范区、100个产业综合示范村和1 000个脱贫奔康产业园)典型引领和贫困群众"四小工程"(小种植、小养殖、小买卖、小作坊),加快了产业扶贫步伐。一是苹果产业以"密植扩量、乔化改造、品种优化"为重点,坚持新模式种植、标准化管理、规模化贮存、市场化营销,每年以10万亩以上的规模持续扩量,全县果园面积累计达到65万亩、挂果园28万亩,其中贫困群众果园

/ 庄浪县农村"三变"改革股民分红现场

面积9.2万亩、挂果园2.5万亩，在种植适宜区域贫困群众人均种植果园1亩以上，贫困群众人均果品增收950元以上，可带动3 960人脱贫。二是畜牧产业坚持公司经营与农户散养相结合，2018年扶持贫困户新建牛舍3 923座，投放平凉红牛基础母牛1.7万头，确保到2018年底全县贫困户户均养牛2头以上，深度贫困乡镇贫困户户均养牛3头以上，贫困群众2018年人均畜牧业增收1 200元以上，可带动7 200人脱贫。三是种薯产业着眼建成西北地区最大的马铃薯脱毒种薯繁育基地，2018年扶持贫困户种植种薯6.52万亩，带动全县发展种薯25万亩，关山林缘区贫困群众户均种植种薯2亩以上，贫困群众2018年人均种薯增收850元以上，可带动2 100人脱贫。四是劳务产业围绕做大做强"梯田人"劳务品牌，建立了"党组织＋劳务公司＋中介组织＋贫困劳动力"的运行模式，积极发展"扶贫车间"和"社区工厂"，2018年已培训1.6万人、输转10.2万人次，创劳务收入9.13亿元，贫困群众人均劳务增收2 800

元以上，可带动 1.5 万人脱贫。五是特色产业扶持贫困群众种植大蒜 1.3 万亩、中药材 5 500 亩，带动全县种植大蒜 3.2 万亩，贫困群众人均增收 650 元以上，可带动 1 200 人脱贫。通过以上途径，全县 2018 年可脱贫 5 200 户、3 万人以上，贫困发生率下降到 8% 以下。

突出机制创新，推动产业发展提质增效

坚持产业发展精准到村到户，立足当年、兼顾长远，制定各产业三年发展规划和年度工作重点，各产业明确主抓领导、责任单位、目标任务和推进措施。积极实施龙头带动全覆盖、"三变"改革全铺开、金融保险全加入、危旧住房全清零、劳务产业全对接、教育医疗全跟进、社会救助全兜底、党政干部和社会各界全参战、党建统领全保障"九大冲刺行动"，成立了 9 个推进工作组，实行"三级统筹"多元投入、"五方联动"凝聚

庄浪县马铃薯种薯繁育基地

/ 庄浪县苹果产业种植基地

合力和"五个一"产业推进机制,促进了产业扶贫由面上整推向分行业、分领域冲刺转变。积极与省农科院衔接沟通,依托省农科院强大的科研团队和雄厚的技术力量,围绕把庄浪县建成全国纯种红安格斯肉牛繁育基地、全省最大的纯天然优质对港活牛出口基地、全省牛产业科研创新基地、全省高效优质牛产业标准化养殖技术示范培训基地、平凉红牛新品系培育基地、全国苹果出口创汇基地、全国优质苹果生产基地、西北地区最大的马铃薯脱毒种薯繁育基地、全省最大的劳动力技能培训基地、省农科院现代农业科技研发基地等,签订了院地合作协议,立足庄浪县农业产业基础和发展优势,通过院地合作,探索协同发展的新型合作模式。从严落实贫困村1名联系领导、1个帮扶单位、1名第一书记或队长、1名贫困户结对帮扶人和1支农业技术服务队的"五个一"帮扶机制,汇聚帮扶合力。确定430名科技人员组成10个农业技术服务队,实行片长、副片长、队长和队员分工负责制,落实三级会议制度,健全奖惩机制,推行"集中技术培训+分散服务指导"模式,形成"村有增收产业、户有致富门路、人有一技之长"的农技服务新格局。抽调40名专职人员组成10个督查组,对产业扶贫进行日督查、周通报,每两个月对乡镇、部门产业发展情况进行一次现场督查交账,好的授予流动红旗,差的给予黄牌警告,连续三次被黄牌警告的乡镇和部门主要负责人要引咎辞职,以此推动产业扶贫做深做实做精做优,加快脱贫攻坚步伐。

(照片提供:柳君平)

宁夏回族自治区吴忠市盐池县 坚持走"依托金融创新推动产业发展、依靠产业发展带动贫困群众增收"的脱贫富民之路。创新"631"评级授信体系，制定贫困户评级授信管理办法，解决了贫困群众贷款无人担保无物抵押的难题。截至2018年底，新增扶贫小额信贷6.67亿元，对有贷款意愿、符合贷款条件的贫困群众在发展产业资金上的需求，实现了"应贷尽贷"。对建档立卡贫困户5万元以内贷款，执行基准利率、财政贴息优惠政策，助力贫困群众脱贫致富。全面推行"2+X""扶贫保"，设立1 000万元"扶贫保"风险分散补偿金，建立盈亏互补机制，进一步提高保险额度、降低保险费率、拓宽保障范围，实现了全县所有农户"扶贫保"政策扶持全覆盖。

金融扶贫让老区盐池脱贫富民

盐池县位于宁夏回族自治区东部，地处毛乌素沙漠南缘，是革命老区、民族地区，也是宁夏中部干旱带上的国家级贫困县，面积8 522.2平方公里，辖4乡4镇1个街道办、102个行政村，总人口17.2万人，其中农业人口14.3万人。盐池县共有贫困村74个，贫困户和贫困人口分别为11 203户、32 998人。盐池县将金融扶贫作为脱贫富民的重要举措，聚合政府有形之手、市场无形之手和群众勤劳之手，精准发力，走出了一条"依托金融创新推动产业发展、依靠产业发展带动贫困群众增收"的富民之路。截至2018年底，新增扶贫小额信贷6.67亿元，对有贷款意愿、符合贷款条件的贫困群众在发展产业资金上的需求，实现了"应贷尽贷"。新型经营主体融资达11.9亿元，以滩羊产业为主导的特色产业对群众增收贡献率达到了80%。全国金融扶贫培训班连续两年在盐池县召开，向全国推广金融扶贫"盐池模式"。

创新产融结合，解决群众可持续发展的问题

脱贫靠产业，产业靠金融。盐池县是中国滩羊之乡，80%的贫困群众从事与滩羊养殖相关的产业，群众收入一半以上也来自滩羊产业。群众发展滩羊产业的意愿强烈，但贷款难、贷款少、贷款贵，没有发展的本钱，是长期以来制约贫困群众脱贫致富的瓶颈问题。县委县政府为解决农户、新型经营主体缺少发展资金的难题，出台了金融助推产业的"菜单式快捷扶持政策"，对建档立卡贫困户实行5万元以下、3年期以内贷

/ 2017年盐池滩羊美食文化旅游节滩羊"选美"现场

款免担保免抵押、基准利率、财政贴息、县建风险补偿金的扶贫小额信贷政策。同时，将2 255户有60岁以上老人和968户非恶意拖欠贷款的建档立卡贫困户纳入评级授信范围，分别发放贷款5 683万元和7 373万元。在此基础上，又创新了融资担保模式，成立了盐池滩羊产业集团公司，支持滩羊全产业链发展。引导龙头企业与贫困村建立"养加销"产业链利益共享、风险共担联结机制，实行订单养殖、订单收购，形成了"资金跟着穷人走、穷人跟着产业走"的产融扶贫新模式。通过金融创新，不仅解决了以滩羊为主导，以黄花菜、小杂粮、牧草、中药材为辅助，适合家庭经营的小品种为补充的"1+4+X"特色产业发展资金难题，而且提振了群众脱贫致富的信心，促进了产业与金融的良性循环，真正为农村经济发展注入了无限活力。如今，盐池滩羊肉品牌价值稳定在68亿元，滩羊年饲养量稳定在300万只，滩羊肉初始价格由2015年的每千克30元提高到每千克52元以上，最高卖到了1千克680元。

完善诚信体系，解决贫困户贷不上款的问题

诚信是推进金融扶贫健康发展的基础。盐池县把改善农村金融环境、提高群众诚信意识作为金融扶贫的基础性工程来抓，全力打造诚信环境。将扶贫"双到资金"注入互

助社,并和"千村信贷"捆绑,撬动了数倍发展资金,解决了贫困群众贷款无人担保、无物抵押的难题。扎实开展"三先开路"、新乡贤村贤评选等活动,农村信用环境发生了重大变化,"有借有还、再借不难"的观念根植于心,金融环境保持良好的发展态势。创新"631"评级授信系统,建立了建档立卡贫困户评级授信体系,改变原有银行评级授信标准,将建档立卡贫困户的诚信度占比提高到60%,家庭收入和基本情况占比各为30%和10%,根据评级结果确定授信额度。同时,根据滩羊产业发展周期较短等特点,有针对性地为群众量身定做"富农贷"金融产品,农户一次授信,3年内随用随取。这种做法降低了评级授信门槛,有效解决了贫困户贷款难的问题。把对建档立卡贫困户评级授信的成功做法运用到所有农户,建立了乡、村、组、户四级信用评定系统,将60%诚信度细化为10%的精神文明建设和50%的诚信度,家庭收入30%和基本情况10%的占比不变,即"1531"模式。将全县所有农户的信用情况分为四个信用等级,实行政银社民四位一体共同评定、共同认可、共同应用,信用等级越高,享受贷款优惠越多。截至2018年6月,全县已评出信用乡镇8个、信用村92个、信用组525个、信用户4.8万户,诚信度均达到90%以上。这种做法不仅解决了群众发展资金短缺的难题,更重要的是培育了群众的诚信意识、市场意识和发展意识。"守信才能发展、失信寸步难行"已成为共识。

/ 黄花菜种植户在采摘黄花

建立风险防控网络，解决金融机构风险大的问题

为了进一步降低金融机构风险，完善金融扶贫风险防控网络，调动金融机构的积极性，盐池县探索建立了风险补偿合作机制。一是建立政府风险补偿基金。研究出台了《盐池县建档立卡贫困户扶贫小额信贷风险补偿基金管理办法》，与涉农银行建立风险补偿合作机制，向各银行整合注入8 000万元特色优势产业贷款风险补偿金、扶贫小额信贷风险担保基金和扶贫产业助贷金，银行按1：10的比例提供扶贫小额信贷，因重大灾病等不可抗力因素造成无法偿还的，由风险补偿金和银行按7：3的比例分担，降低银行借贷风险。二是严把评级授信关。明确评级授信对象为有发展意愿、有创业能力、有产业项目、有良好信誉的建档立卡贫困户。出台了贫困农户评级授信管理办法，实行"一次摸底、四级评审、两轮公示"，即由扶贫办、金融机构、乡村组成评审小组，对贫困户进行逐户摸底调查，由行政村、县扶贫办、金融机构、人民银行逐级评审，由村"两委"、金融机构公示，确保扶贫小额信贷惠及真正需要贷款发展的建档立卡贫困户。三是强化金融信贷监督。创新建立了"精准扶贫管理系统"平台，将贫困户信用评级、贷款情况、银行放贷情况等信息及时录入系统，实行扶贫贷款周统计、月通报、年考核制度，由县扶贫办、人民银行、各金融机构组成联合工作组，对贷款进展数据进行分析整理，及时协调解决问题，合力防控信贷风险。

创新推出保险扶贫，解决群众易返贫的问题

盐池县产业与金融的发展形成了相互促进的良性循环，但受生态脆弱、干旱少雨等因素影响，群众发展产业受自然灾害、疾病等因素影响较大，因病、因灾、因意外致贫返贫问题突出。为此，盐池县将保险机制纳入脱贫致富的"工具箱"，推动商业保险与产业发展、市场需求有效融合，创新推出了"扶贫保"。一是量身打造扶贫保险。为全县所有农户量身打造了"2+X"菜单式扶贫保险，其中"2"属于基础险，包括家庭综合意外伤害保险和大病补充医疗保险；"X"属于选择性险种，根据产业发展需求，量身打造了滩羊肉价格指数险、黄花菜种植效益险等10种特色产业保险，由农户根据自身实际选择险种。这种保险"组合拳"较为灵活，群众可以根据自身发展条件和能力组合购买人身保险和财产保险，这既兜住了因病因灾因意外致贫返贫底线，又为群众发展产业增收致富保驾护航，同时培养了群众的保险意识。二是实行最低保费、最优保额。协调保险公司对农户实行低保费、高保额的特惠政策，特别是大病补充保险，报销比例提高到80%以上，报销额度最高限额提高到20万元，建档立卡贫困患者大病保险报销起付线降低到3 000元；对建档立卡贫困户和一般农户的2种人身保险（家庭综合意

/ 盐池县金融精准扶贫助农取款点

外伤害保险和大病补充医疗保险），财政全额补贴；对"X"扶贫保险中产业保险群众自筹部分，财政再补贴40%，实现了全县农户"扶贫保"全覆盖。三是建立风险保证基金。设立1 000万元"扶贫保"风险分散补偿金，如果保险公司在一个保险周期内发生亏损，亏损部分由风险分散补偿金承担60%、保险公司承担40%；如果盈利，盈利部分的60%返回风险分散补偿金。周转使用的盈亏互补机制确保了贫困群众脱贫路上"零风险"。

"十三五"期间，带领群众脱贫致富奔小康是主题，脱贫只是底线，富民才是目标，金融扶贫是实现脱贫富民的有效措施。盐池县做好金融扶贫工作的体会有四点：一是必须发挥政治优势，党政要作为，银行要担当，基层组织要发力，调动各方面参与的积极性。县委县政府在金融扶贫过程中充分发挥主导作用，制定县级金融发展规划，设立风险补偿金，加强与金融机构在政策、产品等方面共同研究、协调和创新，促进了农村金融环境的改善。二是必须瞄准贫困群众发展产业资金短缺的薄弱环节，将金融活水引入贫困群众的主导产业，调动贫困群众创业增收的积极性，走出了一条"依托金融创新推动产业发展、依靠产业发展带动贫困群众增收"的脱贫富民之路。三是必须激发群众自主脱贫内生动力。大力开展扶贫先扶志、治贫先治愚、脱贫先脱旧等活动，进一步完善农村金融信用体系。这种做法不仅增强了贫困群众的诚信意识，而且提高了其市场意识

/ 2016 年全国金融扶贫工作培训班在盐池举办

和风险意识,激活了贫困群众内生发展动力,增加了农村金融有效供给。四是必须依靠强有力的改革创新来解决问题。坚持问题导向,在积累"评级授信、扶贫小额信贷"等成功经验的基础上,大胆探索实践、大胆创新突破,解决了制约金融脱贫的深层次问题,增强了自我发展能力,为脱贫攻坚注入了强劲动力。

(照片提供:郭状)

广东省对口支援新疆维吾尔自治区喀什地区前方指挥部 2017年直接投入援疆扶贫资金9.11亿元,带动受援地1.73万建档立卡贫困人口脱贫。大力引进产业项目,2017年实施专项扶贫项目23个。开创县、乡、村"1+X+Y"(总部基地+卫星工厂+农户车间)产业带动就地就近就业模式,建立乡镇卫星工厂40多家,吸纳6 000多人稳定就业。通过医疗组团助扶贫,实行援建前方与后方资源联动共享。暨南大学附属喀什医院、中山大学附属喀什医院正式挂牌。2017年培训当地卫生技术人员3.5万人次。

全心全意助力脱贫　齐心合力共奔小康

广东省对口支援新疆维吾尔自治区喀什地区前方指挥部深入贯彻落实习近平总书记关于新疆工作系列重要讲话精神和党中央治疆方略,深入贯彻落实党中央、国务院关于打赢脱贫攻坚战重大决策部署,紧紧围绕新疆社会稳定和长治久安总目标,持续在援疆脱贫攻坚工作上做到"五个聚焦",有力支持受援地贫困群众脱贫奔小康。2017年,直接投入援疆扶贫资金9.11亿元(含计划外1.87亿元),实施专项扶贫项目23个,推动2017年喀什地区实现农民收入达8 013元,带动受援地1.73万建档立卡贫困人口脱贫。

聚焦产业发展,不断完善拓宽贫困人口脱贫渠道

一是强力推进二产发展,实现就业岗位扩容提质。打造新兴"两园一中心"平台。主项目兵团草湖广东纺织服装产业园一期和二期项目已全面达产,三期项目2018年底前全面达产。项目全部达产后年产值将达30.5亿元,创造约5 000个就业岗位。力促南疆唯一的服装面辅料配件交易中心落户疏附县广州新城,40余家纺织服装面料、配件企业已入驻。在伽师工业园重点引进纺织服装产业中下游链上企业,持续大力推动企业落户创造更多优质就业岗位。创新产业进村入户就地就近就业模式。开创县、乡、村"1+X+Y"(总部基地+卫星工厂+农户车间)产业带动就地就近就业模式,已在受援地建立乡镇卫星工厂40多家,吸纳6 000多人就近就地稳定就业,其中,部分受援地卫星工厂员工超过50%为建档立卡贫困人口。创新市场营商扩大就业模式。借

/ 扶贫车间（卫星工厂）让广大少数民族群众实现就近就地就业

鉴佛山工业地产运作模式，通过引入"头雁"企业建立喀什地区首个民营中小企业孵化基地，把过去的政府招商转变为"以商招商"模式。计划总投资5.5亿元，现已建成厂房10.3万平方米，成功引进生产企业24家，实现就业3 600多人。

二是创新一产挖潜方式，有效帮助贫困人口增收。因地制宜，利用贫困人口居住庭院，通过种养增加收入的方式，不断推广"农牧林果水居"六位一体组合式庭院经济模式。经改造，农户庭院利用率从以往不足30%提高至85%以上，受益农户户均年增收入得到较大幅度提升。2017年8月5日中央电视台《焦点访谈》节目对此援疆扶贫新模式进行了深入报道，2018年1月22日新华社新疆分社也对此进行了详细报道。同时学习借鉴闽宁扶贫协作模式，引进龙头企业打造"公司+基地+农户"新模式，带动受援地贫困户脱贫致富。成功引进岭南园林股份有限公司，建设"绿美南疆林业产业园"项目，打造南疆园林绿化苗木的供应基地。项目规划面积2 000亩，建设初期带动约500人就业，全面建成预计可提供约1 000个固定就业岗位。

三是创新三产发展模式，扎实拓展扶贫致富门路。联合广东省旅游局、广铁集团组织"百企千团十万人游新疆"活动。2017年启动旅游援疆扶贫专列"粤新号"，运载2 000多名广东游客和200多万元援疆扶贫物资抵达喀什，带动60万人次畅游喀什。2018年，再次启动"粤新号"援疆扶贫专列，600多名广东游客又一次架起粤新两地友谊桥梁。

聚焦民生建设，不断完善贫困人口生产生活条件

2017年，共安排计划内外援疆资金5.55亿元，建设安居富民房31 521套，入住22 126户贫困户。2017年，广东省党政代表团在喀什考察期间，决定再新增2.5亿元补助2万户农户建设安居富民房，当年计划外实施资金1.87亿元，在原有基础上完成建房任务13 221套，为7 184户贫困户提供住房保障。2018年，帮助受援地解决21 366户（含建档立卡贫困户4 709户）住房难题。

积极完善农村基础配套设施，促进受援地乡村环境整治、农民脱贫致富。支持疏附县10个乡镇贫困村进行庭院改造；改善伽师县12个乡镇32个村配套水、电、路、暖等基础设施，为4个安居小区完善公共设施配套；支持新建村民服务中心121个，完成建设总面积超过6万平方米。

聚焦思想教育，筑牢脱贫攻坚智力与志气根基

以党建援疆为引领，开展"一中心两所"建设，组织员工利用工余时间学习国家

/ 少数民族员工在国语讲习所学习国语

通用语言文字（简称国语）、学习先进文化理念，逐步增强其"五个认同"，提高劳动自信心和归属感，使员工尤其是贫困员工精神面貌焕然一新，助力提高劳动生产率。截至2018年6月，广东援疆企业已发展党员和预备党员109名、入党积极分子164名，有232人递交了入党申请书，其中少数民族员工分别占近30%。对1 600多名员工进行国语培训，对3 000多名员工实施就业技能培训。员工达100人以上的广东援疆企业实现"一中心两所"全覆盖。

将疏附县三中、明德小学、萨依巴格乡中心小学设为广州体育学院足球学院教学实践基地。将疏附县10所中学、10所小学设为校园足球学校，组织举办2017年第一届、2018年第二届"石榴籽杯"足球比赛。组织对口支援的疏附县11所足球学校优秀青少年球员24名，赴广东、广西等省（区）开展为期半个月的足球交流活动，并参加了"一带一路"国际青少年邀请赛、"中国体育彩票杯"广东援疆少年足球赛，让广大少数民族青少年感受到祖国的伟大和祖国大家庭的温暖，增强其爱国心和祖国情怀。

深化"组团式结对子"教育帮扶，组织广东省74所中小学校、24所职业（技工）院校和6所重点高校对口支援受援地学校。帮助喀什地区高级技工学校顺利升格为技师学院，在2018年自治区职业技能大赛上，该校学生获得一等奖9个、二等奖1个、三等奖11个。补助1 000多名贫困学生，力求截断贫困代际传递。

/ 组织对口支援县小学足球队赴广东开展足球交流活动

/ 用广东援疆资金建设的丝绸之路喀什国际经济合作区

聚焦医疗帮扶，不断提高受援地卫生保障水平

  2017年，广东援疆医生"传帮带"受援地医疗卫生人才705人，培训受援地医疗卫生人才3.5万人次。整合广东省直和广州、深圳等9个地市100多名援疆医疗人才和技术资源，探索构建广东（深圳）医疗人才援疆战略合作联盟，形成广东特色"大组团"医疗援疆，同时把资源辐射到县乡基层医疗机构。2018年，广东49名第三批"组团式"援疆医疗人才顺利进疆到岗，继续深入开展医疗"传帮带"。2017年、2018年，暨南大学附属喀什医院和中山大学附属喀什医院分别正式挂牌。南方医科大学率先在喀什地区第一人民医院开设在职硕士研究生班，已有一些学员完成所有学位课程学习。暨南大学在喀什地区第一人民医院设立医学研究生联合培养基地，首批硕士研究生班招生24人，该院18名专家被暨南大学聘为博士、硕士研究生校外导师。

聚焦民族团结,不断完善深化结对帮扶

创新镇(街)与乡村(团场)的结对机制,形成了"六个一"工作交流机制,即每年开展一次党政领导互访,支持一个民生项目建设,推动一个投资项目签约,互派一批干部学习,举办一次民间交流活动,帮助一批困难群众脱贫。广州市11个区与疏附县10个乡镇、佛山市5个区18个镇(街)与伽师县13个乡镇开展"一对一""多对一"援助援建。广州、佛山等市各镇(街)及社会团体累计向受援地捐赠物资价值达3 000多万元。

高度重视社会力量的引导和利用,积极动员人民团体、企事业单位、社会组织、各界人士参与到结对帮扶工作中,努力营造全社会共同参与援疆脱贫攻坚的良好氛围。2017年,台商"一带一路"商贸展销园区暨东莞台商子弟学校向疏附县、兵团第三师草湖镇分别捐赠奖学基金60万元、45万元。2018年,佛山援疆工作队联系容桂街道办,成功牵线广东格兰仕集团有限公司和暨南大学附属顺德医院,投入81.8万元支持对口帮扶地购买骨科医疗设备。

(照片拍摄:王宇鹏 邹静姬)

安徽省对口支援新疆维吾尔自治区和田前方指挥部 通过转移就业助脱贫。积极实施"千人赴皖就业计划",有组织转移贫困人口4 230人赴皖务工就业,实现"一人就业、全家脱贫"。通过发展产业促扶贫。支持安徽海螺型材、皖缘鞋业、皖湘新能源等劳动密集型企业落户新疆,带动近万人实现就地就近就业。探索"龙头企业＋卫星工厂＋农村合作社"新型产业发展模式。投入援疆资金3 600万元,实施"扶贫驴""扶贫羊"项目,帮助3 300户贫困户增加收入。民生投入见成效。投入援疆资金1.8亿元,实施2个易地扶贫搬迁新村公共基础设施及产业配套建设,让1 816户8 100余名贫困人口搬得出、稳得住、能致富。支持建成9 000套富民安居房,解决了3.42万人的住房问题。

创新扶贫方式 发挥各方作用
助力和田皮山打赢脱贫攻坚战

安徽省对口支援新疆维吾尔自治区和田前方指挥部(简称安徽省援疆指挥部)把坚决打赢和田皮山县脱贫攻坚战作为新时代援疆工作的政治任务,进一步增强"四个意识",提高政治站位,创新工作方式,加强前方后方联动,助力受援地皮山县打赢脱贫攻坚战。

转移就业助脱贫

安徽省援疆指挥部投入援疆资金500万元支持皮山县20个贫困村增设277个贫困户劳动力公益性岗位。支持安徽海螺型材、皖缘鞋业、皖湘新能源等劳动密集型企业集聚发展,帮助近万名青年实现就地就近就业。2017年4月,率先为皮山打开务工就业脱贫之门,积极实施"千人赴皖就业计划",有组织转移贫困人口4 230人赴安徽合肥市、淮北市等9个地市15家企业稳定就业,实现"一人就业、全家脱贫"。

一是及时向安徽省委省政府报告,商请省委组织部、省发改委、省人社厅以及有关地市接洽新疆和田劳务协调工作组,并请求各地协调接纳和田皮山籍务工人员。

二是积极协调安徽省政府发文部署劳务协调接洽工作,省政府专门召开有省发改委、省人社厅、省公安厅等部门负责同志参加的座谈会,研究和田皮山籍务工人员接纳

/ 安徽援建的皮山海螺产业园

工作。

三是安徽省援疆指挥部、安徽省人社厅就业局、安徽省援疆办有关负责同志全程陪同和田劳务协调工作组，先后奔赴合肥、安庆、淮北、铜陵、芜湖、滁州等地开展商谈接洽工作，签订吸纳千名和田籍务工人员赴皖就业协议。

四是做好跟踪服务工作。及时安排专人赴各接纳企业向务工人员宣讲政策；每逢重要节日协调安排当地党委、政府和职能部门到厂里进行慰问；专门安排和田新玉歌舞团到多家企业为赴皖务工人员开展慰问演出，带去家乡的问候，受到了广大务工人员的热烈欢迎。

发展产业促扶贫

投入援疆资金 3 600 万元实施"扶贫驴""扶贫羊"项目，探索"龙头企业+卫星工厂+农村合作社"新型产业发展模式，帮助 3 300 户建档立卡贫困户增加了收入。加速推进安徽皮山工业园基础设施建设，新增园区面积 3 平方公里，建成标准化厂房 10 万平方米。促进世界产销量第一的型材——安徽海螺型材项目落户皮山，实现当年投产当年赢利，南疆市场占有率超过 80%，带动 2 000 余人就业。2018 年 5 月下旬，在合肥成功举办和田地区招商引资暨文化旅游推介会，安徽亳州静全服饰等 12 个签约项目落户和田皮山，协议总投资 20 亿元。为助推产业发展，拓展金融扶贫渠道，通过援疆资金，建立"助保贷"政府风险资金池，为中小企业发展提供了强力支撑。

智力扶贫补短板

针对皮山县缺人才、少技术、观念落后的状况，安徽省援疆指挥部借助安徽省的人才、智力资源优势，采取挂职培养、脱产培训等方式，组织近百名皮山县基层干部赴皖培训；组织安徽教育、医疗、旅游、畜牧、法律、审计、工程管理等领域专业人员110余人次到皮山开展工作，有效缓解了皮山县人才短缺问题；邀请全国道德模范、安徽援疆律师陈贤到皮山，深入乡村普及法律知识，受教育群众达2万余人。

教育卫生扶贫惠群众

安排援疆资金不断加大教育方面投入力度，进行职业高中、幼儿园和薄弱中小学等一批学校的基础设施改造建设，畅通了学前"入口"和九年义务教育后的"出口"，帮助2.4万名学生就学。同时，不断加大对全县贫困生资助力度，实现农牧民家庭、城镇困难家庭、在皖就读的和田皮山大中专贫困生资助全覆盖。在医疗援疆方面，皮山县维吾尔医医院、乡镇卫生院、村居卫生室等一批基层医疗卫生援建项目建成，初步解决了城乡各族群众就医难、住院难问题。科大讯飞智能语音、智慧医疗等设备得到推广使用。特别是2018年上半年，实施健康扶贫项目——皖疆手足情正畸行动，对324名手足残疾儿童开展免费手术和康复训练，得到各族群众的交口称赞。

文化扶贫聚人心

建成了以广电中心为代表的一批文化设施，数字电视覆盖全县，新媒体客户端上线运行，皮山"好人馆"及乡村文化站等一批基层站所建成使用。2018年5月在皖举办"和田文化周"，开展文化交流、文艺演出、文旅推介、结对帮扶等活动，推动了皖和两

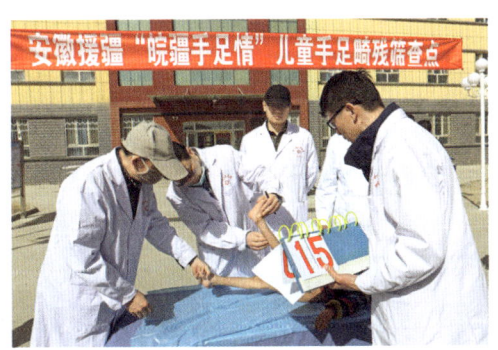

/ 皖疆手足情正畸行动，为残疾儿童免费诊疗

/ 安徽文艺轻骑兵赴和田地区巡回演出

地交往、交流、交融。邀请获梅花奖的黄梅戏、徽京剧等名家以及书画家，组成"皖疆一家亲"文艺轻骑兵，深入和田皮山乡村巡演、送民族团结书画作品，让皮山各族群众深切感受徽风皖韵、大美安徽的新气象，感受祖国大家庭的温暖。

结对扶贫促团结

积极开展一对一结对共建、扶贫帮困，协调合肥、淮北、宿州等市，以及安徽省总工会、省直机关工委、安徽演艺集团等，积极与皮山县贫困村签协议、结对子，助脱贫，促团结。积极协调社会各界开展扶贫济困爱心活动，2017—2018年共有300多批次2 000多人捐款、捐物，价值5 000多万元。开通"皖和号"旅游专列，开展"万人游和田"活动。组织全体援疆干部认真开展"民族团结一家亲"活动，包户住户，与群众同吃、同住、同学习、同劳动，捐款捐物，结对认亲。2017年冬天为9个村的困难群众募集了3 500件过冬棉衣，为皮山中小学生捐赠图书10万余册。

民生投入见成效

2018年，投入援疆资金1.8亿元，大力支持皮山县易地扶贫搬迁，实施皖和新村、金徽小镇两个扶贫搬迁点的公共基础设施及产业配套建设，让1 816户8 100余名贫困人口搬得出、稳得住、能致富。支持建成9 000套农牧民安居房，解决3.42万人住房问题。帮助皮山县全面完成安居富民房建设任务，实现全县各族群众居有定所。

（照片提供：孙本荣）

皖和新村易地扶贫搬迁项目

新疆生产建设兵团医院 作为兵团设在乌鲁木齐的唯一一家三甲医院,通过建设医联体、开展远程医疗等与内地知名医院相连,使南疆群众享受到三甲医院、全国知名专家的诊疗。通过巡回医疗送医下乡,赴基层为农牧民群众进行免费医疗服务,缓解群众看病难、看病贵、看病远的问题。足迹遍布兵团各师,每年开展的巡回医疗行程超过8 000公里。通过"访惠聚"活动,医院先后动员全体医护人员购买村民核桃2 261.5公斤,总价值27 138元;捐献衣服1 600多件,捐赠价值6万元的桌椅、5 700元的学习用品,并由医院出资2万元为小学建设一个警务室。先后两次组织援疆专家和兵团医院专家医疗队到阔纳艾日克村实施义诊,两次共义诊1 805人,赠送药品价值9 800元。

履职尽责　砥砺奋进
为打赢脱贫攻坚战做贡献

新疆生产建设兵团(简称兵团)医院党委认真贯彻落实中央、自治区、兵团、兵团卫生计生委关于精准脱贫的决策部署,强化政治意识、大局意识、责任意识、岗位意识、廉洁意识,始终秉持强烈的为民情怀,聚焦南疆深度贫困团场和特殊贫困人口,推动精准扶贫精准脱贫工作有效开展。

以高位推动,确保脱贫攻坚"靶向定位"

党的精准扶贫政策实施以来,兵团医院作为兵团设在乌鲁木齐的唯一一家三甲医院,始终充分发挥内引外联的桥头堡作用,根据自己的地域优势,以医联体建设、巡回医疗送医下乡、"访惠聚""民族团结一家亲"、支教等工作为载体,做到健康扶贫、扶智脱贫,切实做好精准扶贫精准脱贫工作,推动南疆贫困地区脱贫致富。

以组团式帮扶,确保健康脱贫"力量聚合"

医联体建设,以强带弱。截至2018年6月,兵团医院已与第六师医疗集团、2家师级医院、3家民营医院及15家市区卫生服务中心签约建立了医联体合作关系,设立兵团医院十一师分院,并为以上医疗机构派出坐诊专家,举办健康讲座,实行双向转

/ 兵团医院领导带领"访惠聚"工作队员走访慰问各族群众（一）

/ 兵团医院领导带领"访惠聚"工作队员走访慰问各族群众（二）

诊，为当地群众提供了优质、便捷的医疗服务。以胸痛中心认证工作为契机，建立了区域性胸痛中心专科联盟。加入中日医院呼吸专科医联体，建立了"兵团呼吸专科医联体"，将石河子大学医学院第一附属医院、10 家师级医院及 17 家基层团场医院纳入该医联体中，使团场广大职工可享受到三甲医院的治疗。同时加入中日医院疼痛专科医联体，还与西安市第一医院眼科医院签约加入角膜移植专科联盟，为兵团医院开展角膜移植手术提供了技术和材料保障。

巡回医疗，送医送药。一是分别在兵团医院 53 团分院、77 团分院开展人才培养与技术培训等医疗服务试点工作，确保"常见病、多发病"不出团场。据统计，医疗服务试点工作开展以来，两家分院的同期门诊量、住院量、每千人口医师比等指标均有了显著的增长。同时，作为国家级专家服务基地，2017 年组织 3 批医疗专家团 30 余人次，先后赴和田市阔依其乡阔纳艾日克村、第十四师 47 团、第十四师一牧场等开展专家服务基层巡诊，义诊服务基层职工群众 2 900 余人次，发放药品近万元，为百余名医护人员开展专业授课 5 场次；病例分析及查房示教 73 例。二是与乌鲁木齐县永丰中心卫生院建立结对共建关系，捐赠了一套价值 10 万元的医疗设备。2017 年，派出专家 21 人次，义诊人数 198 人次。利用远程医学平台改变单一医疗服务模式，实现了与南疆基层医院的远程会诊、远程阅片（病理片及放射片）、远程心电监护、远程重症查房、远程手术示教、远程继续教育等。基层团场职工可通过远程医疗直接享受到援疆专家、三甲医院专家的诊疗，大大减少了转诊费用，降低了医疗风险。

暖心医疗，惠及百姓。为缓解群众看病难、看病贵、看病远的问题，医院每年都要抽调业务精湛的医务人员组成医疗队，赴基层为农牧民群众进行免费医疗服务。每年开展的巡回医疗行程超过 8 000 公里，足迹遍布兵团各师，东至 600 公里外的第十三师哈密地区，北至 640 公里外的第十师北屯地区，南至 1 500 公里外的第三师喀什地区，西至 700 公里外的第四师伊犁地区。仅 2017 年就开展巡回医疗 15 次，派出专家 112

/ 阔纳艾日克村向为其义诊的兵团医院送锦旗

人次,义诊服务 2 404 人次,手术示教 19 台次,查房示教 962 人次,疑难病例讨论 59 例次,为基层医院授课 44 台次,听课医护人员 1 326 人次。

民族团结,自愿帮扶。兵团医院多年来一直坚持为贫困地区及边境农牧团场送医送药。自 1982 年起,坚持为葛家沟免费送医送药 30 余载,共派出 34 批医疗队,诊治病人超过 1.2 万人次,无偿为葛家沟村民提供了几十万元的药品。自 2008 年起,对地处边境的北塔山牧场开展自主帮扶。先后开展西部女性阳光基金会"两癌"筛查、"一次援疆行·终身援疆情"援疆专家送医送药暨捐赠等系列专题帮扶及义诊活动。

以"访惠聚"为契机,确保脱贫攻坚"阳光普照"

把深度贫困地区脱贫攻坚的目标任务、重大举措与贯彻落实党中央治疆方略特别是社会稳定和长治久安总目标结合起来,以总目标为统领,把中央、自治区、兵团关于深度贫困地区脱贫攻坚的一系列部署要求一步一步地变为现实。

因地制宜,授人以渔。针对兵团医院"访惠聚"工作点墨玉县阔依其乡阔纳艾日克村的实际情况,投入一定的资金,根据贫困户的意愿和家庭实际状况,帮助其大力发展畜牧业,与贫困户签订包销合同,确保贫困户当年 75% 的羊由医院承销。同时,大力

/ 春节期间,"访惠聚"工作人员依然坚守岗位

发展庭院经济,帮助农户充分利用自有庭院,种植蔬菜、养殖家禽等。聘请兵团塔里木农科大学教授,到村里为贫困户传授核桃、小麦、玉米种植和养牛、养羊、养鸡等技能技术。围绕基础设施建设、产业发展和人居环境改善三大重点,从根本上解决阔纳艾日克村脱贫致富问题,把好事办好、实事办实。树立"帮扶项目和资金来之不易,实施好项目、用好资金更加艰巨"的意识,确保基础设施项目建设好、产业发展好、资金管理使用好,最终见实效。

爱心捐赠,情暖南疆。医院先后动员全体医护人员购买村民的核桃 2 261.5 公斤,总价值 27 138 元,并捐献衣服 1 600 多件。为"访惠聚"工作点阔依其乡捐赠价值 6 万元的桌椅,为英吾斯堂小学捐赠价值 5 700 元的学习用品,并由医院出资 2 万元为小学建设一个警务室。先后两次组织援疆专家和兵团医院专家医疗队到阔纳艾日克村实施义诊,两次共义诊 1 805 人,赠送药品价值 9 800 元,同时带领专家登门对 3 户长期卧床的高危病人进行了诊治。

行百里者半九十。脱贫攻坚进入后半程,已经到了决战"硬仗中的硬仗"的关键时刻。时不我待,唯有奋进。医院将坚持从实际出发,求真务实、群策群力,带领群众找到脱贫致富的金钥匙,在实干中创造幸福美好的新生活。勠力同心,以真抓促落实,以实干求实效,打赢这场脱贫攻坚战。

(照片提供:李颜斌)

全国工商联扶贫与社会服务部社会服务处 认真履行"万企帮万村"精准扶贫行动领导小组办公室职能,做好顶层设计,先后出台行动实施意见、向深度贫困地区倾斜落实方案等一系列文件。聚焦深度贫困,召开专题座谈会、援藏援疆电视电话动员会等,与相关单位共同组织开展光彩事业南疆行、精准扶贫西藏行等活动。积极开展表彰宣传,恒大集团等一批企业荣获全国脱贫攻坚奖。加强支持服务,推动中国农业发展银行为 907 家参与行动的民营企业提供信贷支持,贷款余额 472.37 亿元。创建台账管理系统,夯实企业帮扶数据,杜绝数字扶贫。截至 2018 年 6 月,已有 5.54 万家企业精准帮扶了 6.28 万个村的 755.98 万建档立卡贫困人口。

全国脱贫攻坚奖组织创新奖

万企帮万村　精准扶贫见实效

党的十八大以来,以习近平同志为核心的党中央团结带领全党全国人民全面打响了脱贫攻坚战。全国工商联作为党领导下的人民团体和商会组织,始终牢固树立"四个意识",坚持围绕中心、服务大局,与国务院扶贫办、中国光彩会、中国农业发展银行共同组织开展"万企帮万村"精准扶贫行动,并成立了行动领导小组,办公室设在全国工商联。全国工商联扶贫与社会服务部社会服务处履行具体职能,负责整个行动的策划、运行和管理。领导小组成立以来,社会服务处坚持不懈努力,创新方式方法,狠抓工作落实,赢得了多方认可。

注重调查研究,做好顶层设计

在充分论证的基础上,先后制定出台了《"万企帮万村"精准扶贫行动方案》《关于推进"万企帮万村"精准扶贫行动的实施意见》。召开直到县级的全国电视电话会议进行动员部署(分会场 1 512 个,实际参会人员达 47 992 人),明确指导思想、基本原则、主要任务,要求各级工商联、扶贫办、光彩会成立行动领导小组,由各单位主要领导担任组长,全力开展工作,形成了部门联动、上下协同的合力。坚持每半年召开一次领导小组会议,及时总结经验、研究问题、部署工作。每年年初下发年度工作要点,为各级行动领导小组工作指明方向。大兴调查研究之风,深入到村到户到项目,了解情况、挖掘典型、查摆问题、寻找对策。《关于推进"万企帮万村"精准扶贫行动专题调研报告》《关于支持民营企业参与脱贫攻坚政策落实情况的调研报告》等调研成果多次得到中央领导同志的批示肯定。

围绕中心任务，聚焦深度贫困

/ 社会服务处同志在"万企帮万村"帮扶实况图前合影

为全面贯彻落实习近平总书记对"万企帮万村"行动要向深度贫困地区倾斜的指示精神，全国行动领导小组第一时间响应，2017年6月29日，在深度贫困地区临夏州召开座谈会，传达学习习近平总书记重要讲话精神；8月份在凉山州召开"万企帮万村"行动向深度贫困地区倾斜座谈会，并开展"光彩事业凉山行"活动，签订合同项目149个、金额2 037.77亿元，公益捐赠4 037.3万元。2018年，全国行动领导小组继续强化工作措施，制定出台了《推进"万企帮万村"精准扶贫行动向深度贫困地区倾斜的落实方案（2018—2020年）》，要求各级行动领导小组聚焦深度贫困地区和特殊贫困群体，各级工商联和商会组织结对帮扶一个深度贫困村；继续聚焦"三区三州"，召开全国工商联援藏援疆电视电话动员会；组织开展"中国光彩事业南疆行""精准扶贫西藏行"等活动，坚持促进区域经济发展和精准帮扶建档立卡贫困群众相结合的方式，多措并举、持续发力；举办深度贫困地区小微企业经营者培训班，为培育内生发展活力提供智力支持。

宣传先进经验，典型示范引路

国务院扶贫开发领导小组2016年在湖北黄冈召开全国"万企帮万村"精准扶贫行动现场会。现场会召开以后，各地和企业自发学习黄冈经验，不断创新工作方式和帮扶模式。中宣部将"万企帮万村"精准扶贫行动纳入重点宣传主题，《人民日报》、新华社、央视《新闻联播》《焦点访谈》等对先进典型予以宣传报道。利用各种会议活动、印发《"万企帮万村"行动动态》等多种形式，交流推广各地工作先进经验和企业帮扶创新模式，涌现出如恒大集团、兴伟集团等一批先进典型。

强化台账管理，严防数字扶贫

台账数据是"万企帮万村"行动成效的集中体现。为防止形式主义、数字扶贫、数字脱贫，行动领导小组专门开发了台账数据管理系统和手机App，下发了《关于做好"万企帮万村"精准扶贫行动信息报送工作的通知》，要求各级工商联组织民营企业填报帮扶对象和帮扶投入，扶贫办组织扶贫驻村工作队对帮扶数据和脱贫成效进行核实，层层把关、逐级上报。通过召开电视电话会议进行工作部署，全国统一培训和派员赴地方层层培训，不断夯实台账数据，确保数据全面、真实、准确。党的十九大召开前夕，"砥砺奋进的五年"大型成就展第五展区（脱贫攻坚板块）展示了"万企帮万村"行动数据成果。

抓好支持服务，助力行稳致远

为充分发挥先进典型的示范引领作用，2017年扶贫日活动期间，全国行动领导小组通报表扬了116家在行动中表现突出的先进民营企业。2018年，全国评比达标表彰工作协调小组正式批复同意开展评选表彰活动，将连续三年每年表彰100家先进民营企业。为破解参与行动的企业所面临的融资难、融资贵问题，行动领导小组深化与中国农业发展银行的合作，签订战略合作协议，并将其纳入行动领导小组，为参与行动的符合条件的民营企业提供政策性金融支持。截至2018年6月，中国农业发展银行"万企帮万村"项目库企业有907家，贷款余额472.37亿元。为解决参与行动的企业与贫困群众合作生产的产品销售难问题，全国行动领导小组启动了"万企帮万村"消费扶贫行动；启动注册"万企帮万村"商标，为扶贫产品生产标准化、市场品牌化夯实基础；筹备在第六届中国公益慈善项目交流展示会期间组织22个脱贫攻坚任务重的省份展销扶贫产品，要求有东西部扶贫协作和对口支援机制任务的各省市工商联组织民营企业参与认购；邀请易田公司等电商企业试点搭建线上销售平台。

/ 社会服务处处长薛峰（右一）将"万企帮万村"行动中获赠的衣物转赠给贫困群众

坚持问题导向,加强作风建设

/ 社会服务处同志在研究"万企帮万村"工作

2018年是扶贫领域作风建设年。针对行动中存在一定形式的"四个意识"不强、责任落实不到位、工作措施不精准、工作作风不扎实等问题,全国工商联制定出台了《关于开展扶贫领域作风问题专项治理工作实施方案》报送国务院扶贫开发领导小组,并印发各省级工商联,要求组织开展扶贫领域作风问题专项治理,摸清作风建设薄弱环节,落实专项整改措施,将整改落实情况报送全国行动领导小组办公室。邀请中国农业大学对"万企帮万村"行动的成果和存在的问题进行第三方评估,为下一步部署工作提供决策依据。全国行动领导小组配合中纪委驻中央统战部纪检组对"万企帮万村"行动进行调研督查。

"万企帮万村"行动在习近平总书记等中央领导同志的亲切关怀和精心指导下,在各方的共同努力下,取得了良好的政治、经济、社会效益。截至2018年6月,进入"万企帮万村"精准扶贫行动台账管理的民营企业有5.54万家,精准帮扶6.28万个村(其中建档立卡贫困村3.99万个)的755.98万建档立卡贫困人口;产业投入597.52亿元,公益投入115.65亿元,安置就业54.92万人,技能培训58.31万人。习近平总书记先后三次对"万企帮万村"行动予以肯定。2016年3月4日,习近平总书记在全国政协十二届四次会议民建、工商联界委员联组会上指出,工商联开展的"万企帮万村"精准扶贫行动很好,要抓好落实、抓出成效。2017年6月23日,习近平总书记在深度贫困地区脱贫攻坚座谈会上要求民营企业"万企帮万村"行动要向深度贫困地区倾斜。2018年2月12日,习近平总书记在打好精准脱贫攻坚战座谈会上发表重要讲话,再次对民营企业开展"万企帮万村"行动的帮扶成效予以肯定。"万企帮万村"行动正成为集聚社会力量打赢脱贫攻坚战的知名品牌。

(照片提供:崔星)

中共中央组织部组织二局一处 认真做好调查研究、参谋建议、政策制定、督促落实以及联络协调等工作。先后参与起草中央《关于打赢脱贫攻坚战的决定》《关于打赢脱贫攻坚战三年行动的指导意见》等重要文件，提出了抓党建促脱贫攻坚的政策建议，并被纳入中央关于脱贫攻坚的顶层设计。督促各地调整撤换不胜任的贫困村党组织书记 5 000 多名，整顿软弱涣散贫困村党组织 1.3 万个。推动对 12.8 万个贫困村党组织书记每年集中轮训一次，会同农业农村部举办农村基层干部示范培训班 927 期，培训近 10 万人次。加强基础保障，使村级组织运转经费达标的县提升到 90% 以上。截至 2018 年 6 月，全国累计选派第一书记 45.9 万人，共有 20.6 万人奋战在脱贫攻坚一线。3 年跑遍 14 个集中连片贫困地区，共到 89 个贫困县、369 个贫困村调研，访谈 5 000 多人。

为抓党建促脱贫攻坚奋力担当作为

坚决打赢脱贫攻坚战，是以习近平同志为核心的党中央作出的重大决策部署，是我们党的庄严承诺。习近平总书记指出，抓好党建促脱贫攻坚，为打赢脱贫攻坚战提供坚强组织保证。中组部部务会坚决贯彻落实习近平总书记重要指示精神和党中央部署，切实担负起抓党建促脱贫攻坚的政治责任。组织二局一处（简称一处）作为具体职能处室，始终以强烈的责任感、使命感、紧迫感和良好的精神状态，认真做好调查研究、参谋建议、政策制定、督促落实以及联络协调等工作，推动抓党建促脱贫攻坚深入扎实开展。

在坚决贯彻中央决策部署中当参谋、抓落实

在中央出台的打赢脱贫攻坚战一系列重大决策部署中，党的建设始终是重要内容、根本保证。一处先后参与中央《关于打赢脱贫攻坚战的决定》《关于加大脱贫攻坚力度支持革命老区开发建设的指导意见》《关于支持深度贫困地区脱贫攻坚的实施意见》《关于打赢脱贫攻坚战三年行动的指导意见》等重要文件的研究起草，提出了抓党建促脱贫攻坚的有关政策建议，并被纳入中央关于脱贫攻坚的顶层设计。为贯彻中央精神，中组部 2016 年在宁夏召开集中连片贫困地区抓党建促脱贫攻坚工作座谈会，2017 年在广西百色召开深度贫困地区抓党建促脱贫攻坚工作经验交流座谈会，自 2016 年开始连续 3 年召开全国基层党建工作重点任务推进会，从会议策划、文稿起草、组织协调到会务工作，一处承担了主要任务。会后，及时研究起草抓党建促脱贫攻坚工作督查重点、深

/ 2017年，一处同志到广西河池市都安县调研，与驻村第一书记现场交流

度贫困地区抓党建促脱贫攻坚工作督查重点，列出任务清单，督促指导各地各单位抓好落实。2016年以来，一处还派人到河北、山西、河南3省，参与国务院扶贫开发领导小组统一组织的脱贫攻坚督查。同时，采取明察暗访、定期调度等方式，对重点任务一项一项盯着抓，推动落地见效。

在推动建强基层党组织中下力气、出实招

给钱给物，更要建个好支部。农村基层党组织建设是一处的主责主业，在抓党建促脱贫攻坚中，一处始终聚焦用力、上心用劲，突出"三区三州"等深度贫困地区，推动把农村基层党组织打造成脱贫攻坚的坚强战斗堡垒。一是推动贫困村党组织带头人选优配强。在全国共调整撤换不胜任、不合格、不尽职的贫困村党组织书记5 000多名，在每个贫困村储备村级后备力量1~2名，贫困村党组织带动脱贫攻坚能力明显增强。二是推动整顿软弱涣散村党组织。2015年至2018年，各地共排查整顿软弱涣散党组织6.2万个，其中贫困村1.3万个，解决了带富致富能力不强、办事不公开等一批突出问题。三是推动农村基层干部全员培训。12.8万个贫困村党组织书记每年集中轮训一次。2013年以来，会同农业农村部共举办农村基层干部示范培训班927期，培训近10万

人次。对边疆民族地区和革命老区 11.6 万名村党组织书记集中培训，中组部直接培训 1 万人。四是推动党员在脱贫攻坚中当先锋作表率。通过支持党员创办致富项目、组织党员结对帮扶、设岗定责、承诺践诺等措施，组织党员带头脱贫致富、带领群众脱贫致富。五是推动薄弱村、空壳村发展壮大集体经济。各省（区、市）均进行部署，各地以县为单位统筹谋划，发挥基层党组织优势，因地制宜发展壮大村级集体经济，进一步巩固了脱贫攻坚成果和党的执政基础。六是推动基层党组织基础保障建设不断加强。2016 年，中组部会同财政部出台《关于加强村级组织运转经费保障工作的通知》，确立了以财政投入为主的稳定的经费保障制度，截至 2018 年 6 月，村级组织运转经费达 9 万元最低标准的县达到 90% 以上。七是推动深入宣传和组织发动群众。充分发挥党组织政治功能，通过"农民夜校"等，加强对群众教育引导，移风易俗、弘扬新风，补齐群众"精神短板"，激发脱贫攻坚内生动力。

在派强用好第一书记中拿举措、把好关

脱贫攻坚是非常之事，非常之事当用非常之人。从机关选派优秀干部到贫困村担任第一书记，是打赢脱贫攻坚战的重要组织举措。2015 年，一处具体起草并经中组部、中农办、国务院扶贫办联合印发通知，对全国选派第一书记工作作出安排部署。截至 2018 年 6 月，全国累计选派第一书记 45.9 万人，共有 20.6 万人奋战在脱贫攻坚一线，其中 313 家中央单位选派 371 人，实现了建档立卡贫困村和党组织软弱涣散村全覆盖。为确保第一书记选得准、下得去、融得进、干得好，一处在 5 个方面狠下功夫。一是在推动选优派强上下功夫。重点从机关优秀年轻干部、国有企事业单位优秀人员和因年龄原因从领导岗位上调整下来、尚未退休的干部中选派，确保选派的都是得力的干部、是骨干。二是在推动严格管理上下功夫。各级组织部门对第一书记实行备案管理，县乡党委负责日常管理，派出单位进行跟踪管理，对中央单位选派的第一书记由一处直接抓在手上、点到人头。三是在推动教育培训上下功夫。2016 年、2017 年中组部会同国务院扶贫办举办 2 轮中央单位选派的第一书记示范培训班，培训 737 人次，示范带动各级培训

/ 2017 年，一处同志到广西百色市那坡县城厢镇口角村调研

/ 2017年，一处同志到广西河池市都安县七百弄乡调研

第一书记全覆盖。四是在推动保障支持上下功夫。落实派出单位项目、资金、责任"三个捆绑"，推动第一书记促成部门结对、单位联村，各级财政给予经费保障，从而形成强有力的后援。五是在推动激励关爱上下功夫。各地各单位普遍采取落实生活补助、办理保险、安排体检、帮助解决困难等措施，对干得好的第一书记及时宣传表彰，特别优秀的提拔使用，激发了他们的工作热情。广大第一书记扑下身子、撸起袖子，与所在村干部群众一起加油干，使贫困村基层党组织得到全面加强，精准脱贫吹糠见米，惠民举措开花结果，在打赢脱贫攻坚战中发挥了尖兵作用，以实际行动赢得了党员支持、群众信赖、社会点赞，第一书记工作成为响亮的品牌。

在深入贫困一线中摸实情、寻良策

一处始终坚持基层是最好的课堂、群众是最好的老师，把贫困村的实际作为政策建议的基点，把贫困群众的关切作为服务基层的落点，把党组织和党员是否充分发挥作用作为改进工作的着力点，加强调查研究，沉到贫困一线接地气、摸实情、增感情。

/ 2018年,一处党小组到湖南省韶山市开展主题党日活动

2015年至2018年上半年,一处同志跑遍了14个集中连片贫困地区,共到136个市州、89个贫困县、267个乡镇、369个贫困村,走访党员、干部、群众5 000多人,掌握了大量第一手资料,也目睹了深度贫困之贫,亲身体会了基层艰辛之艰,升华了为民的情怀、责任和使命。为筹备好深度贫困地区抓党建促脱贫攻坚工作经验交流座谈会,一处4名同志到广西河池、百色等7个深度贫困县调研,在崎岖的山路上3天行程1 500公里,随机走访10个乡镇、12个贫困村。为寻找带头人整体优化提升的对策良方,2018年2名同志到湖北省来凤县蹲点10天,上院坝、下田坎、吃住在村里。正是秉持这样的方法和作风,使一切结论产生于调查研究之后,因而参谋建议更有底气,制定政策更接地气,工作状态更有朝气。调查研究成为一处工作屡试不爽、常用常新的法宝。

作为国务院扶贫开发领导小组成员单位,中组部会同有关方面研究制定了脱贫攻坚期内保持贫困县党政正职稳定,选派干部到定点扶贫县挂职,加强和完善东西部扶贫协作干部人才选派管理、贫困县党政领导班子和领导干部经济社会实绩考核等一系列政策文件，为打赢脱贫攻坚战提供干部人才支撑和制度保证。一处具体承担部内涉及脱贫攻坚的日常联络协调工作，做到及时请示报告有关事项，确保涉及组织、干部、人才等相关工作的材料、数据准确无误，政策口径一致。2015年至2018年上半年，一处共办理涉及脱贫攻坚办件515件，其中重要请示报件272件，做到了"文经我手无差错、事交我办请放心"。当前，脱贫攻坚进入冲刺阶段，一处将以更加负责的精神、更加努力的工作、更加扎实的作风，用心用情用力深入推进抓党建促脱贫攻坚，展现新时代新担当新作为。

（照片提供：罗元开　李翩　高杰）

/百色

中国社会扶贫网 践行"互联网+"社会扶贫理念,聚焦精准扶贫,利用互联网技术,实现贫困户需求与社会资源的直接对接,提供免费服务,逐步形成社会扶贫的新平台、脱贫攻坚的新品牌。通过搭建爱心帮扶、电商扶贫的平台,采用"全国一张网""上下一盘棋"的推广模式,形成完善的线上线下精准扶贫体系。截至2018年6月,平台用户数量超过3 000万;发布贫困需求信息330多万条,对接成功230多万条,成功率达70%;募集资金6 600万元;覆盖31个省(区、市)、380个市、2 900个县和28万个行政村。运用互联网创新思维,破解了贫困户与社会爱心人士难以对接的问题,为贫困户和爱心人士搭建了一座高效、安全、免费的桥梁,助力形成全社会积极参与扶贫的良好氛围。

搭建"互联网+"社会扶贫有效可信平台
凝聚全社会力量参与精准帮扶

习近平总书记在中央扶贫开发工作会议上指出:"我国社会不缺少扶贫济困的爱心和力量,缺的是有效可信的平台和参与渠道。"中国社会扶贫网践行"互联网+"社会扶贫理念,聚焦精准扶贫,利用互联网技术,实现贫困户需求与社会资源的直接对接,提供免费服务,逐步形成社会扶贫的新平台、脱贫攻坚的新品牌。通过搭建爱心帮扶、电商扶贫的平台,采用"全国一张网""上下一盘棋"的推广模式,形成完善的线上线下精准扶贫体系。截至2018年6月,平台用户数量超过3 000万;发布贫困需求信息330多万条,对接成功230多万条,成功率达70%;募集资金6 600万元;覆盖31个省(区、市)、380个市、2 900个县和28万个行政村。

理念创新,搭建网络精准扶贫平台

中国社会扶贫网充分运用互联网新思维、精准扶贫新方略,聚合全社会爱心力量,关注深度贫困地区,解决贫困户需求。

一是聚焦"互联网+"社会扶贫目标和任务,将互联网的便捷有效、公开透明、互助共享思维和高效组织运行模式融入社会扶贫工作中,将社会扶贫组织动员工作由传统的线下运作变为线上、线下相结合模式。

/ 中国社会扶贫网 "穿阅帮扶计划" 给小学生发放电子阅读器

二是贯彻精准扶贫的理念,从系统架构、用户注册、需求审核、帮扶执行等多个环节严格把控。通过多种有效方式,实现扶贫对象精准、需求信息精准、对接帮扶精准、群众反馈精准。

三是深度运用大数据分析理念提高帮扶成功率。利用平台自身数据采集功能,深入分析用户需求,将爱心人士的帮扶行为进行类别分析,通过个性化推荐功能提升帮扶成功率,强化帮扶效果。

模式创新,搭建贫困户与帮扶人士直接对接平台

中国社会扶贫网应用互联网新技术搭建五大功能体系,覆盖个人帮扶、电商扶贫、扶贫众筹等领域,涵盖医疗救助、教育资助、产业扶助和民生帮助等方面,建立爱心人士直接对接贫困户的桥梁,开创社会扶贫的新模式。

一是建立真实可信的爱心帮扶体系,实现爱心帮扶创新,实现贫困户需求和社会帮扶资源的精准有效对接。贫困村第一书记作为管理员,帮助不具有需求发布能力的贫困户发布需求,同时对其他贫困户发布的疾病、教育、住房等方面资金需求的真假进行审核,确保需求的真实性。贫困户发布的物品需求与爱心人士的闲置物品有效对接,切实提升一对一的帮扶能力。爱心人士还可以通过在线购买贫困户农产品的方式对贫困户进行帮扶。所有帮扶金额一分不少交付贫困户,帮扶流程清晰、环节透明,爱心人士的捐赠全部进行公示。实现帮扶物资全国范围内的流转,搭建帮扶网上桥梁。爱心帮扶平台已经取得了阶段性成效,汇聚了贫困户330多万条需求,其中90%的需求为物品求

助，5% 的需求为资金求助，5% 的需求为服务求助，对接成功率达到 70%。后续将在服务需求上继续发挥平台的作用，让扶贫工作从"输血"变成"造血"。

二是建立真扶贫的农村扶贫电商体系。致力于建立具有公信力、高效率和高收益的农产品线上体系。网站要求所有扶贫商品都由当地扶贫办进行认证，确保商品的扶贫属性和产品品质。网站将深度贫困地区具有鲜明地域特色的农产品作为主打商品，比如南疆的大枣、西藏的牦牛肉、青海的青稞以及新疆的薄皮核桃。同时，通过建设多个省市的地方馆，为爱心人士支援家乡建设提供门户入口。通过电商销售，增加贫困户收入；通过广泛宣传、开放合作提升电商扶贫品牌，扩大销售，建立真实、持续、有效的扶贫机制。

三是建立合法合规的扶贫众筹体系。网站成功通过民政部互联网公开募捐信息平台的遴选，获得发布资质，联合各方力量策划项目、开展众筹，动员各方爱心资源积极捐赠，协力解决贫困人群的共性需求。面向建档立卡贫困户开展光明扶贫工程、推广普通话等健康扶贫和教育扶贫项目。其中，白内障光明扶贫行动，对建档立卡的 10 万白内障贫困户患者进行免费救治，为贫困白内障患者送去光明；学前学会普通话项目，帮助

/ 中国社会扶贫网联合惠农网：销泸溪椪柑，助消费扶贫，我们在路上！

/ 中国社会扶贫网工作人员在2018年中国社会扶贫网成果发布会现场合影

四川省凉山州11个深度贫困县农村、安宁河谷地区民族乡镇0~6岁学龄前儿童具备国家通用语言交流能力。通过对共性需求的统一帮扶，大大提升了扶贫的效率以及精准度。

四是建立扶贫先进事迹、优秀案例的展示体系。宣传报道扶贫领域的政策资讯，建立扶贫经验的共享机制，吸引更多的爱心人士关注扶贫事业并参与其中，对贡献大的组织和个人进行排榜，以调动参与扶贫人士的积极性。

服务创新，建成免费扶贫网络平台

一是安全有保障。信息安全是平台的生命线，平台在应用安全、数据安全、网络安全、安全管理等方面狠下功夫，通过国家网络安全等级保护三级测评，安全等级达到国内一流水平，让广大贫困户与爱心人士可以放心使用。

二是技术支撑有保障。网站拥有专业的技术团队，共同研究建立了五大业务版块交易系统、后台管理系统和辅助决策支持系统，有效保障了业务的发展需要，确保网站在大规模点击量下也能够有效运行,为贫困户和爱心人士使用网站提供便利。

三是提供免费服务。虽然网站具备一流互联网企业的技术能力,建设了扶贫云,包括云计算、基础中间件服务平台、企业分布式互联网交易平台、基础技术平台、大数据服务平台、运维平台、基础业务平台等,但致力于提供免费服务,不管是贫困户还是社会爱心人士,都可以免费享受网站提供的资源。

应用创新,建成高效联动的扶贫网络平台

一是实现"全国一张网"。中国社会扶贫网根据统一设计理念,统一规划、统一管理、统一推进,加强资源的运转效能,实现数据的整体管理,保障扶贫策略的有效实施。通过平台,完成扶贫信息的第一时间传递、典型帮扶案例的全国范围传播、电商扶贫商品的全国销售,发挥各方优势和潜能,形成全网联动效应。

二是提升一线扶贫干部工作效率。通过中国社会扶贫网开展互联网应用、自媒体宣传和商业化管理等培训工作,提升一线扶贫干部的工作效率,扩大扶贫干部工作成果的影响范围,突破地域限制,加快求助需求与帮扶资源在城乡及贫富之间的有序流动。

三是提升社会化动员效果。鼓励成立社会扶贫联盟组织,聚集社会团体、社会组织、非公经济组织的力量,形成社会帮扶资源向贫困地区聚集;加强社会对帮扶案例、

/ 中国社会扶贫网工作人员在脱贫攻坚展区前合照

专题活动、扶贫商品的关注，促成有效帮扶行为，实现社会资源的高效对接；运用全媒体方式，大力宣传社会扶贫，形成全国社会扶贫标识一致、各地各具特色的宣传模式，营造全民参与扶贫的氛围。

四是推进社群式管理。借助平台的传播能力，推进资讯的有效快速传递；通过社群化工具，连接核心人群，逐层传播，形成点线面逐层推进效应。平台搭建起国、省、市、县、乡、村六级管理体系，可供 300 个社群与 35 万名扶贫干部随时沟通，及时联络。

中国社会扶贫网应用互联网创新思维、运作机制和相关技术，破解了贫困户与社会爱心人士难以对接的问题，为贫困户和爱心人士搭建了一座高效、安全、免费的桥梁，助力形成全社会积极参与扶贫的良好氛围，弘扬了中华民族扶贫济困的优良传统，为打赢脱贫攻坚战、全面建成小康社会做出了突出贡献。

（照片提供：马雪琴）

清华大学继续教育学院 2003年启动教育扶贫工作，以"传播知识，消除贫困"为宗旨，发挥人才和教育优势，争取社会资源支持，取得了显著社会效益。建立远程教学平台，开展远程和面授相结合的教育培训。累计建立1 100多个县级教育扶贫远程教学站，覆盖550余个国家级贫困县。指导教学站利用清华教育资源开展培训，选拔优秀学员参加面授，累计培训学员240余万人。不断深化理念认识，创新工作方式，助力地方脱贫攻坚。聚焦集中连片特困地区的基层干部、中小学教师培训，平均每年培训约16万人次。组织中外师生赴贫困地区开展社会实践，累计参与人数3 700余人。承担定点帮扶云南南涧工作，构建远程教育、本地学习、驻校培训等多种方式相结合的培训体系，实施干部、教师、产业人才等重点培训项目。

全国脱贫攻坚奖组织创新奖

教育扶贫十五载 脱贫攻坚显成效

　　清华大学继续教育学院是全国高校第一所继续教育学院，是清华大学唯一专业开展教育培训的实体机构。早在2003年初，继续教育学院本着"教育服务社会"的理念，主动承担社会责任，以"传播知识，消除贫困"为宗旨，自筹资金率先启动了教育扶贫工作。继续教育学院以国家扶贫开发工作重点县和集中连片特困地区为对象，构建覆盖广大欠发达地区的教育扶贫网络。从开展教育扶贫工作之日起，继续教育学院就成立教育扶贫办公室负责落实各个具体项目，同时广泛争取社会资源的支持。2011年，教育扶贫办公室荣获国务院扶贫开发领导小组授予的"全国扶贫开发先进集体"称号。2016年，"清华大学教育帮扶南涧县典型项目"入选教育部直属高校精准扶贫精准脱贫十大典型项目。

积极响应国家战略的率先行动

　　治贫先治愚，扶贫必扶智。习近平总书记历来高度重视扶贫与扶智结合，强调教育在脱贫攻坚中的重要作用。2012年12月，习近平总书记在河北省阜平县考察扶贫开发工作时讲到，治贫先治愚，要把下一代的教育工作做好，特别是要注重山区贫困地区下一代的成长。把贫困地区的孩子培养出来，才是根本的扶贫之策。习近平总书记在2015年9月给"国培计划"贵州研修班参训教师的回信和2015年10月出席2015减贫与发展高层论坛时发表的主旨演讲中，都强调扶贫必扶智，指出让贫困地区的孩子们接受良好教育,是扶贫开发的重要任务,也是阻断贫困代际传递的重要途径。2015年11月,习近平总书记在中央扶贫开发工作会议上的讲话中又进一步指出,贫困地区教育事业是管长远的,必须下大气力抓好。

依托长期积淀的人才和教育优势,以及在远程教育领域的技术优势,2003年,继续教育学院自筹资金率先启动了教育扶贫工作。10多年来长期坚持,倾情投入,不仅让贫困地区的各类人群收获了知识和智慧,更重要的是提高了他们的自身发展能力,取得了显著的社会效益。2013年,根据《关于做好新一轮中央、国家机关和有关单位定点扶贫工作的通知》和《教育部定点联系滇西边境山区工作总体方案》要求,清华大学启动定点帮扶云南省大理白族自治州南涧彝族自治县的工作,以继续教育学院为主体,在南涧县开展了大规模的教育帮扶工作,成效显著。

开展教育扶贫的主要举措

在清华大学的直接领导下,在国内外爱心人士的大力支持下,继续教育学院以国家扶贫开发工作重点县为对象,依托在远程教育领域的技术优势和经验积累,帮助贫困地区建立清华大学教育扶贫现代远程教学站。远程教学站一般设在承担干部、教师、专业技术人员培训工作的县委党校、县教师进修学校、职业学校或其他教育机构。先后建立的1 100多个县级远程教学站,覆盖了国家级贫困县、省级贫困县、革命老区、民族地区、边疆地区,其中包括550余个国家扶贫开发工作重点县。

远程教学站的建立为通过培训开展教育扶贫提供了技术和组织平台。通过远程教学

/ 革命老区贵州遵义红花岗教学站组织清华大学教育扶贫项目远程学习

/ 伟新教育扶贫乡村体育教师培训项目在清华大学校内举办

平台,清华大学的免费课程和教育服务被源源不断地传输至贫困地区。继续教育学院指导远程教学站针对当地师生和干部能力建设的需要,充分利用清华大学的远程课程开展培训,让当地中小学校长、教师、基层干部等在本地就能够享受到清华大学的优质教育资源。同时,继续教育学院在清华大学定期举办专题培训,选拔部分优秀学员来校参加面授学习,面授的课程内容则同步直播到各地远程教学站。累计培训各类学员240余万人。

不断开拓创新的显著成效

"十三五"时期是全面建成小康社会、实现第一个百年奋斗目标的决胜阶段,也是打赢脱贫攻坚战的决胜阶段。在脱贫攻坚阶段,继续教育学院总结梳理已有成功经验,同时结合新形势、新问题,贯彻精准扶贫精准脱贫基本方略,不断深化理念认识,创新工作方式。

继续教育学院在多年开展教育扶贫的实践中,深刻认识到实施教育扶贫、促进贫困地区发展是"扶志"和"扶智"的主要举措,更是阻断贫困代际传递的根本之策。通过教育扶贫,提高贫困地区教育质量,让孩子接受良好的教育,从而提升人力资本,对贫困地区经济发展将产生积极推动作用。通过教育扶贫,推动贫困地区人们转变千百年形成的落后观念和习俗,激发脱贫致富的内生动力。通过教育扶贫,提高贫困人群的基本文化素质和技能,让更多贫困地区青年开阔眼界、开拓思路,具备参与社会发展和市

/ 2018年清华大学教育扶贫暑期社会实践启动会中外师生合影

场运作的知识、能力和方法,向往幸福生活,追求美好未来。继续教育学院主要推进了四方面工作:

一是在实践中进一步提高教育扶贫精准度。把教育扶贫工作与国家扶贫脱贫规划和地方需求更紧密地结合起来,重点聚焦在集中连片特困地区,重点关注贫困地区基层干部、中小学校长和师资队伍的教育培训,帮助地方党政干部转变思想观念,帮助教师提升教育教学质量,为贫困地区培养"带不走"的人才队伍。

二是进一步提升贫困地区的开放度,更新贫困地区干部理念,增强干部发展能力。2016年以来,不断创新和设计针对贫困地区的专题和专业培训,先后开展城镇化、现代农业发展、乡村社会治理、美丽乡村、旅游发展、金融扶贫、生态文明建设等专题培训。针对贫困地区学校办学条件和教师培训体系不断完善,而师资结构尚面临较大问题的现状,着力开展美术教师培训、体育教师培训、音乐教师培训等特色项目。每年参与培训的干部和教师达16万人次,涉及23个省(区、市)。

三是进一步搭建教育扶贫工作平台,扩大教育扶贫工作的参与面。每年组织中外师生赴贫困地区开展社会实践,和当地师生分享学习方法、交流学习经验。中外师生参与人数累计3 700余人,足迹遍及20个省(区、市),受益学生超过16万人。

四是教育扶贫助力南涧县脱贫攻坚。继续教育学院充分发挥教育资源优势,强调"送上门""请进来""走出去",构建远程教育、本地学习、驻校培训等多种方式相结合的立体培训体系,在南涧开展大规模教育培训。在南涧县设立清华大学教育扶贫远程教学站,面向干部、教师、医生等开展远程培训,指导当地举办培训班61期,培训党政干部1 700余人次，教师、医护人员等专业技术人员1 700余人次。开设"清华讲堂"，邀请10多位知名教授赴当地就时事热点、重大政策等作专题报告。在清华大学校内专为南涧县领导干部和中小学骨干教师举办培训班，对党政干部培训减免费用，对骨干教师培训引入基金支持，免除所有在京费用。累计开办6期党政干部培训班，培训240余人次；4期骨干教师培训班，培训220余人次。积极为南涧县培训产业人才，传播新的产业发展理念，搭建招商引资平台。2015年12月，免费举办"大理白族自治州及周边地区地方经济活化示范项目人才培训班"，借鉴台湾"一乡一特色"的特色乡村建设成功经验，推动地方经济发展，打造区域品牌，来自大理白族自治州州直机关领导干部及大理白族自治州12县的领导干部和产业带头人共80人参加了学习。继续教育学院还组织企业家学员赴南涧参加"发展产业，助力脱贫"经济技术合作推介洽谈会，为南涧的经济发展提供了切实帮助。

全国脱贫攻坚奖组织创新奖

/ 清华大学教育扶贫现代远程云南南涧教学站揭牌仪式两地教师合影

/ 清华大学继续教育学院全体教师赴江西安远县调研

新时代，新作为，新征程。继续教育学院将继续秉承"自强不息，厚德载物"的校训和"行胜于言"的校风，在全面建成小康社会的脱贫攻坚战中，深入学习贯彻习近平新时代中国特色社会主义思想，进一步增强主动担当社会责任、积极参与脱贫攻坚的使命感和责任感，广泛开拓国内外资源，推动教育扶贫工作再上新台阶。

（照片提供：朱维博）

中国证券监督管理委员会扶贫办 制定《中国证监会关于发挥资本市场作用服务国家脱贫攻坚战略的意见》，推动贫困地区产业发展，支持东西部地区协同发展。为深度贫困地区的产业扶贫创新债券产品，激活"造血"功能。推出全球第一个鲜果期货品种——苹果，通过价格公开、标准完备、储存完善打造"致富果"。"保险+期货"试点品种增加、规模扩大，促进农民增收。引导行业力量广泛开展帮扶行动，98家证券公司结对帮扶251个贫困县，85家期货经营机构与贫困地区签订125份结对帮扶协议。建立上市公司扶贫信息披露制度，854家上市公司披露产业扶贫项目超过4 300个，投入208亿元。运用资本市场原则创新扶贫资金运行机制，支持定点帮扶的河南省兰考县率先脱贫。

充分发挥资本市场机制作用
服务国家脱贫攻坚战略

为贯彻落实好中央扶贫开发工作会议、中央单位定点扶贫工作会议精神，中国证券监督管理委员会（简称证监会）党委2015年12月召开会议，研究决定在证监会扶贫工作领导小组下设办公室（简称扶贫办），具体落实证监会作为国务院扶贫开发领导小组成员单位应承担的相关脱贫攻坚工作。证监会扶贫办成立以来，认真牵头制定和落实《中国证监会关于发挥资本市场作用服务国家脱贫攻坚战略的意见》（简称《意见》）。全系统定点扶贫工作在国务院扶贫开发领导小组的考核中获得"好"评。

科学统筹资本市场扶贫政策，让资本市场融资功能惠及贫困地区

一是牵头研究起草"绿色通道"政策。证监会扶贫办积极借鉴证监会近年制定的服务边疆地区、革命老区、民族地区等一系列推动脱贫攻坚的政策，认真汲取经验，对贫困地区企业在首发上市、新三板挂牌、发行债券等方面开辟绿色通道，做到"即报即审、审过即发"。通过运用市场化机制，引导资金、人才、技术流向贫困地区，解决贫困地区普遍存在的资本短缺问题。截至2018年6月，已有12家企业通过绿色通道发行上市，募集资金共计69亿元，98家公司在新三板挂牌。安徽太湖县集友股份上市过程仅用6个月，成为首家适用绿色通道政策主板上市的企业，对促进当地经济发展和增

/ 我们在行动——2018中国证券期货业扶贫工作交流大会现场

加就业的效果十分明显。

二是不断细化为贫困地区发展"造血"的举措。《意见》中提出,对符合条件的企业开通债券预审核及上市挂牌的绿色通道,实行"专人对接、专人专审、即报即审"。同时,证监会扶贫办与债券部门积极保持沟通协调,深入研究债券扶贫工作的细化举措。2018年5月,指导沪、深交易所发布《上海证券交易所公司债券融资监管问答——扶贫专项公司债券》和《深圳证券交易所扶贫专项公司债券相关问题解答》,合理拓展扶贫债范围,支持注册地不在贫困地区的企业发行募集资金主要用于扶贫项目的扶贫专项公司债券和资产支持证券。截至2018年6月,已累计发行扶贫公司债和资产支持证券59只,金额316.56亿元,有力扩大了贫困地区金融资源。

三是积极研究运用期货市场机制,提升贫困地区经济发展的能力。证监会扶贫办积极与期货部门进行沟通,认真贯彻落实证监会党委的科学决策,指导相关商品期货交易所积极开发期货新品种。由于苹果主产区与我国重点贫困区域高度重合,证监会扶贫办与期货部门指导郑州商品交易所于2017年推出苹果期货,增强贫困地区变资源优势为市场优势的能力,较好地解决了苹果价格波动大、不透明以及对农民收益影响很大等问题,为苹果主产区提供了实现信息化、标准化的市场工具,通过市场机制延长产业链,塑造对冲市场波动风险的平台。同时,证监会扶贫办与期货部门加强对上海、郑州、大连3家商品期货交易所的扶贫工作指导力度,稳步扩大"保险+期货"试点项目。截至

2018年5月底,3家商品期货交易所共立项"保险+期货"项目133个(其中83个涉及国家级贫困县),补贴保费约2.22亿元,激发了保险公司参与农作物价格保险的积极性,使农户能够以"价格"为赔付标的,提前锁定保底收益。鸡蛋、苹果、天然橡胶等诸多涉农产品"保险+期货"项目都得到顺利推进。

广泛调动行业力量,推动证券期货等经营机构开展"一对一"帮扶行动

证监会扶贫办指导证券业协会、期货业协会在行业发起"一司一县""一司一结对"结对帮扶贫困县行动。推动证券公司通过引进产业投资、设立产业扶贫引导基金、帮助企业并购重组等方式,为贫困地区企业规范公司治理、改善融资途径提供专业服务。通过设立金融扶贫工作站与贫困县建立长效帮扶机制。截至2018年6月,已有98家证券公司结对帮扶251个国家级贫困县,宁夏回族自治区、江西省实现"一司一县"结对帮扶全覆盖。各证券公司在贫困地区派驻挂职干部68人,开展教育培训活动365场,7万余人次接受教育培训。2017年证券公司帮助贫困地区企业融资金额775

/ 上海期货交易所"保险+期货"试点项目区域之一国家级贫困县云南省西盟县的橡胶林

亿元。推动期货经营机构，通过提供风险管理服务、"产业链整体"服务、"保险＋期货"、专业知识培训、捐资助学，以及招录毕业生、残疾人等多种形式开展扶贫工作。已有 85 家期货公司与贫困地区签订了 125 份结对帮扶协议，期货经营机构 2017 年共投入扶贫资金 9 655 万元。

此外，指导基金业协会动员基金管理机构充分发挥优势，广泛开展公益扶贫。已有 12 家公募基金公司设立了专门的公益基金会，14 家设立了专项基金开展扶贫，累计捐赠 2.76 亿元。

借助上市公司信息披露制度，引导上市公司加大产业扶贫力度

2016 年，证监会扶贫办直接推动沪、深交易所创新上市公司信息披露制度，将扶贫工作纳入信息披露范围。2017 年，协助相关部门对上市公司年度报告和半年度报告信息披露内容与格式准则进行了修订，增加上市公司支持扶贫开发的信息披露要求，鼓励上市公司披露精准扶贫规划、成效等方面信息，进一步提升上市公司社会责任意识。2016 年年报统计显示，已有 578 家上市公司披露了扶贫工作情况，开展产业扶贫项目

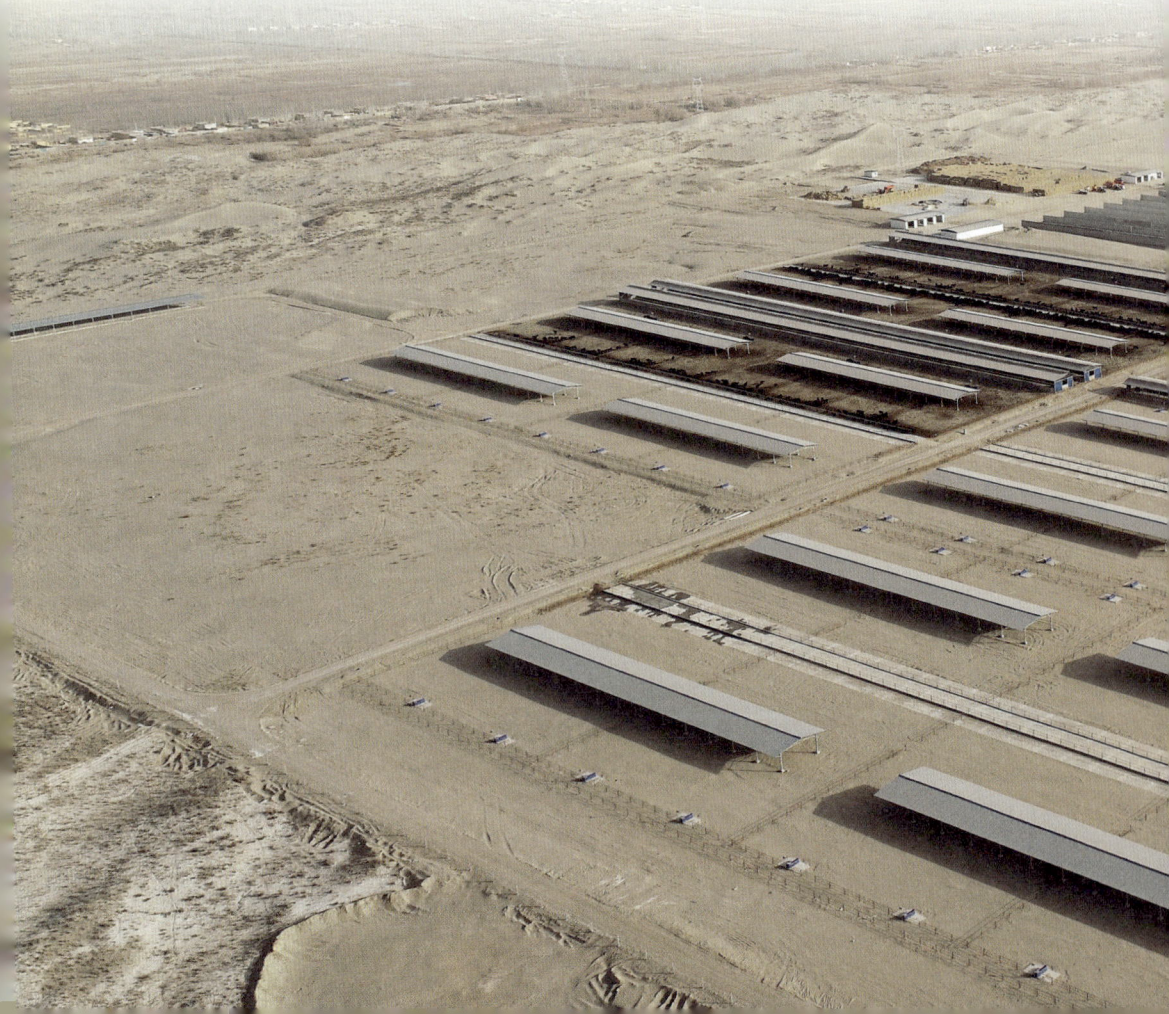

超过3 000个，投入110亿元，直接帮助17万建档立卡贫困人口脱贫。2017年年报统计显示，有854家上市公司披露扶贫工作情况，开展产业扶贫项目超过4 300个，投入208亿元，直接帮助超过54万建档立卡贫困人口脱贫。

围绕定点县脱贫攻坚，积极探索多种形式的精准扶贫新路径

证监会9个定点扶贫县分布在6个省（区），包括河南省兰考县和桐柏县、安徽省太湖县和宿松县、山西省隰县和汾西县、甘肃省武山县、陕西省延长县、新疆维吾尔自治区麦盖提县。2017年兰考县在全国率先实现脱贫，延长县也于2018年9月退出贫困县序列。

证监会扶贫办认真贯彻落实证监会党委关于脱贫攻坚的决策部署，具体服务各定点县稳步推进扶贫脱贫工作。一是精心安排证监会领导到定点县开展扶贫工作调研，密切关注政策效果，有力推动各项工作稳步推进。二是协助相关单位选派优秀干部到定点县挂职任副县长和驻村第一书记，近两年，全系统先后选派了22名优秀干部到定点县挂职任副县长和驻村第一书记。除定点县挂职干部外，全系统还先后选派了68名干部积

/ 定点扶贫县新疆维吾尔自治区麦盖提县产业扶贫项目——沙漠中的安格斯牛繁育基地

极参与扶贫工作，先后在西藏、新疆、青海、广西、江西、甘肃等地对口帮扶、驻村帮扶。同时，认真做好挂职干部、参与扶贫干部的培训工作。三是推动系统单位党支部与贫困县基层党组织积极开展结对共建活动，促进党建工作接地气、见实效。2018年将证监会机关4 460余万元的留存党费投入到定点县的支部建设、帮扶生活困难党员、农村产业发展等方面。四是指导和督促帮扶单位和挂职干部认真开展产业扶贫、教育扶贫、健康扶贫、金融扶贫，成效明显。五是广泛协调各类社会资源帮扶定点县，如组织新疆维吾尔自治区麦盖提县6批次56人次的医疗、教学骨干到北京清华长庚医院和清华附中进行免费培训。六是尝试推动相关单位采购扶贫点农畜产品，拉动消费扶贫。

证监会扶贫办始终坚持大扶贫格局的工作思路，组织和指导全系统全行业，有效进行政府、市场、社会互动和行业扶贫、专项扶贫、社会扶贫联动，积极推动形成贫困县多方帮扶的良好局面。推动相关派出机构积极承担地方扶贫任务，仅2017年证监会系统就有18家派出机构承担相关省市扶贫任务，甘肃、西藏、新疆、云南、河北、青海等省（区）证监局的驻村工作队、驻村第一书记或驻村工作队员获得了省级单位奖励。

（照片提供：杨志海）

国家开发银行扶贫金融事业部综合业务局政策与方法处 主要负责国家开发银行脱贫攻坚政策起草和方法、制度创新。创新提出"易地扶贫搬迁到省、基础设施到县、产业发展到村(户)、教育资助到户(人)"的"四到"工作思路和"融制、融资、融智"的"三融"扶贫策略,实现了开发性金融脱贫攻坚的分类施策、精准发力。创新提出差异化支持政策,推动实施深度贫困地区脱贫攻坚、东西部扶贫协作和定点扶贫"三大行动"。创新融智扶志方式,提出扶贫金融专员派驻方案,推动开展地方干部培训,提升贫困地区发展内生动力。坚持党建统领,打造讲政治、懂扶贫、作风硬的战斗团队。2015年中央扶贫开发工作会议召开至2018年6月,国家开发银行累计发放扶贫贷款8 525亿元,为脱贫攻坚提供了有力支持。

创新思路方法　　强化制度保障　　决胜脱贫攻坚

2015年中央扶贫开发工作会议召开至2018年6月,国家开发银行(简称国开行)累计发放扶贫贷款8 525亿元,为易地扶贫搬迁、农村基础设施建设、产业发展、教育扶贫等脱贫攻坚重点薄弱领域提供了有力支持。国开行的脱贫攻坚思路、做法和成效得到了中央领导和地方政府的肯定,也得到社会各界的广泛好评。国开行扶贫金融事业部综合业务局政策与方法处(简称政策处)主要负责国开行脱贫攻坚政策起草和方法、制度创新。近年来,政策处认真贯彻党中央、国务院关于脱贫攻坚的决策部署,严格落实国开行党委有关要求,紧紧围绕新时期脱贫攻坚的新形势,主动作为、勇于担当,在脱贫攻坚政策创设、"三大行动"推动实施、强化融智服务、抓好工作落实和队伍建设等方面开展了一系列工作,取得了明显成效。

立足精准施策,加强脱贫攻坚政策创设

政策处认真贯彻落实党中央提出的精准扶贫、精准脱贫基本方略,紧紧围绕贫困地区脱贫攻坚实际诉求,结合国开行工作实际,研究提出了"四到"工作思路和"三融"扶贫策略,强化了银政合作,进一步创新完善了金融扶贫业务模式。

一是创新提出"易地扶贫搬迁到省、基础设施到县、产业发展到村(户)、教育资助到户(人)"的"四到"工作思路,实现了开发性金融脱贫攻坚的分类施策、精准发力。在易地扶贫搬迁方面,通过推动建立省级投融资主体,创新资金运作机制,打通

资金"借用管还"各环节,发放贷款1 133亿元,为易地扶贫搬迁提供了有效的资金保障。在农村基础设施方面,整合财政涉农资金,创新融资模式,发放贷款1 654亿元,支持建设村组道路31万公里,解决2 316万人的安全饮水和2.4万个贫困村的环境整治问题,惠及541个贫困县、4万个建档立卡贫困村、1 895万贫困人口。在产业扶贫方面,采取"到村(户)"的方式,按照"一县一策"原则,加强与龙头企业产业合作,创新推广扶贫转贷款等模式,发放产业扶贫贷款1 176亿元,带动35.3万建档立卡贫困人口。在教育扶贫方面,坚持"应贷尽贷",发放助学贷款1 360亿元,占全国助学贷款发放总量的90%以上,覆盖全国26个省(区、市)、2 240个区县和2 830所院校,累计支持家庭经济困难学生1 039万人,有效阻断贫困代际传递。二是研究提出"融制、融资、融智"的"三融"扶贫策略,成为国开行脱贫攻坚的重要特色。融制,即通过改革创新构建支持发展的长效体制机制。融资,即发挥"投贷债租证"综合金融优势,为客户发展提供多样化资金支持。融智,即通过智库、规划等方式为客户发

/ 国开行支持的广西壮族自治区"十三五"易地扶贫搬迁项目

展提供策略咨询。三是推动深化银政合作，积极构建"多方合作，共同参与"的大扶贫格局。加强与国务院扶贫办、中国人民银行、中央农办、国家发改委、财政部等部门的沟通汇报，积极建言献策，联合推动工作。就打赢脱贫攻坚战、实施乡村振兴战略、推动"三农"工作向中央农办提出了17条政策建议，部分建议得到采纳。与国家发改委联合印发《关于支持美丽特色小（城）镇建设促进脱贫攻坚的意见》，推动小城镇建设，带动脱贫攻坚。

聚焦重点难点，创新实施脱贫攻坚"三大行动"

随着脱贫攻坚向纵深发展，政策处按照总行党委部署，聚焦深度贫困地区脱贫攻坚、东西部扶贫协作和定点扶贫三大重点工作，创新思路方法，做好顶层设计，组织开展了开发性金融脱贫攻坚"三大行动"。

行动之一是创新提出"信贷政策更优、贷款定价更优、审批流程更优、资源配置更优、服务方式更优"的"五个更优"工作原则，集中力量支持深度贫困地区脱贫攻坚。针对脱贫攻坚最难啃的"硬骨头"，政策处在对"三区三州"等深度贫困地区深入调研的基础上，研究制定了《关于开发性金融支持深度贫困地区脱贫攻坚的实施意见》和《进一步支持深度贫困地区脱贫攻坚实施方案》，创新提出开发性金融支持深度贫困地区脱贫攻坚的12项差异化政策和12项超常规举措，在准入标准、贷款利率、信用结构、贷款期限和人员派驻等方面给予倾斜支持。同时，在四川凉山和甘肃临夏组织召开两次开发性金融支持深度贫困地区脱贫攻坚推进会，加大工作推动力度。截至2018年6月，国开行累计向深度贫困地区发放扶贫贷款4 741亿元，其中向"三区三州"发放贷款1 957亿元，为决战深度贫困提供了有力支持。

行动之二是大力探索金融支持东西部扶贫协作的方式方法，完善协作机制，务实推进东西部扶贫协作。根据习近平总书记在东西部扶贫协作座谈会上的指示精神，政策处牵头研究制定了《国家开发银行关于加大东西部扶贫协作支持力度的意见》《关于开展东西部协作扶贫行动的方案》等文件，并在宁夏银川组织召开开发性金融支持东西部扶贫协作推进会，推动福建、宁夏、江苏、陕西、山东青岛分行与当地发改、扶贫部

／建档立卡贫困学生在签订国开行助学贷款合同

/ 政策与方法处同志合影

门以及有关企业签订合作协议,共同探索银政企合作推进东西部扶贫协作的新路子和新举措,在全行范围内起到了示范引领作用。截至 2018 年 6 月,国开行 14 家东部分行、16 家西部分行与地方政府签订相关合作协议,东西部扶贫协作累计开发储备项目 60 个,发放金额 121.8 亿元,带动云南、陕西、贵州等西部地区建档立卡贫困人口 3 514 人脱贫增收。

　　行动之三是探索提出将中央国家机关和单位组织协调、政策保障和行业管理等优势与国开行的融资融智优势相结合,合力推进定点扶贫的新路子。政策处作为国开行定点扶贫牵头部门,不断加强与中央国家机关工委、中央党校等部门的定点扶贫合作,组织举办首期中央国家机关定点扶贫挂职干部培训班。截至 2018 年 6 月,国开行已与 89 个中央国家机关建立合作关系,参与 87 个贫困县的扶贫规划和 129 个贫困县融资方案的编制,向 200 多个贫困县发放贷款超过 1 000 亿元。同时,扎实做好贵州务川、正安、道真和四川古蔺等 4 个定点扶贫县的帮扶工作,逐年制订定点扶贫工作计划,结合定点扶贫县实际情况和脱贫需求,研究制定有针对性的支持思路和举措。截至 2018 年 6 月,国开行累计向定点扶贫县发放贷款 102 亿元,安排捐赠资金 3 920 万元。国开行在 2017 年中央单位首次定点扶贫工作考核中,评定等次为"好"。

推动融智创新，提升贫困地区发展内生动力

扶贫先扶智。为进一步提升贫困地区发展内生能力，政策处创新提出扶贫金融专员派驻方案，推动开展地方干部培训，增强了为贫困地区提供融智服务的针对性和有效性。一方面，针对贫困地区金融人才短缺问题，研究提出向贫困地区派驻扶贫金融专员的创新举措，使得开发性金融在脱贫攻坚中的服务网络得到延伸，服务重心得以下沉。截至 2018 年 6 月，国开行累计向贫困县所在地市州派驻 183 名扶贫金融专员，为贫困地区宣传金融政策，协助编制规划、策划扶贫项目、设计融资模式等，充分发挥脱贫攻坚"宣传员、规划员、联络员"的作用，得到了当地政府的普遍好评。另一方面，结合贫困地区实际诉求，因地制宜开展地方干部培训，补齐脱贫攻坚能力短板。针对贫困地区干部金融扶贫意识和能力不足问题，政策处会同国开行培训部门共同组织开展地方干部培训，因地制宜设计培训课程，讲解开发性金融脱贫攻坚的做法，增强地方干部运用金融手段开展扶贫工作的能力。截至 2018 年 6 月，国开行已累计举办 34 期地方干部培训班，实现 14 个集中连片特困地区和"三区三州"深度贫困地区全覆盖，累计培训地方干部 2 878 人次。

加强调研创新，切实抓好工作落实

一是强化组织推动，创新举措压实责任。为实现国开行党委提出的"十三五"期间发放 1.5 万亿元扶贫贷款目标，政策处牵头编制《国家开发银行扶贫开发"十三五"实施规划》，按照年度、业务领域、分行三个维度，对脱贫攻坚任务进行细化和量化。为确保规划落地实施，研究起草了《脱贫攻坚责任书》，组织 36 家分行党委一把手向总行党委签署责任书，立下军令状。国开行成为全国第一家组织签订脱贫攻坚责任书的金融机构，为进一步层层压实责任、确保实现脱贫攻坚工作目标奠定了坚实基础。二是强化调查研究，探索创新模式方法。为进一步了解贫困地区生产生活实际，分析贫困人口致贫根源，积极探索金融支持脱贫攻坚的新思路和新模式，政策处的同志经常深入贫困地区开展调查研究。2017 年 9 月，国开行组织了两个社会调查组，分别赴四川古蔺和贵州正安两个国家级贫困县开展了为期 10 余天的社会调查，政策处同志作为骨干分别参与了两个调查组，并撰写了社会调查报告。三是强化作风建设，推进扶贫领域作风问题专项治理。根据国务院扶贫开发领导小组关于开展扶贫领域作风问题专项治理的要求，政策处牵头制定了《国家开发银行扶贫领域作风问题专项治理实施方案》，明确了推动扶贫工作作风改善的具体举措和有关要求，并积极组织全行有关部门和各分行开展自查整改，指导各分行制定强化扶贫作风建设的工作方案，真正实现以作风建设促脱贫攻坚。

坚持党建统领，打造讲政治、懂扶贫、作风硬的战斗团队

一方面，不断提升处室干部党性修养和业务能力，增强战斗力，以高度使命感服务脱贫攻坚。政策处充分发挥党小组的基层战斗堡垒作用，在局党支部的领导下，通过主讲"微党课"、举办"扶贫党建读书会"、开展驻村调研并与贫困村党支部联合开展党建活动等多种方式，把党建与业务紧密融合，不断加强处室团队建设，牢固树立"四个意识"，切实增强决胜脱贫攻坚战的责任感和使命感，不断提升开发性金融服务脱贫攻坚的理论基础和实践能力。另一方面，发挥党员干部先锋带头作用，克服人手短缺的困难，凝心聚力，以扎实的作风全力以赴推进脱贫攻坚。全处4名同志都是共产党员，平均年龄不到32岁，大家敢打敢拼，全身心投入到时间紧、任务重的脱贫攻坚事业中。为进一步做好金融支持创新，更好地惠及贫困人口，政策处同志经常深入最艰苦的地区，走村入户，有时驻村工作一待就是十来天，与贫困群众同吃同住同劳动，详细了解群众诉求，确保政策制定的精准性、针对性和有效性。在工作关键时期，有的同志轻伤不下火线，拄着拐杖坚守在岗位；有的同志手术后还没有痊愈就又回到工作岗位。

党中央关于打赢脱贫攻坚战三年行动的号角已经吹响，政策处将继续发扬国开行人敢打硬仗的优良作风，进一步加大工作创新力度，扎实做好脱贫攻坚融资融智制度设计，提升政策的精准性，为开发性金融打好精准脱贫攻坚战做出新的贡献。

（照片提供：张波）

国家开发银行大楼

国家电网有限公司扶贫办农电处 作为国家电网有限公司扶贫顶层设计的战略决策辅助中心，向公司党组建议实施"国网阳光扶贫行动"，投资 212.5 亿元，实施村村通动力电工程；投资 32 亿元，完成国家光伏扶贫项目接网工程；投资 7.03 亿元，完成湖北、青海两省五县（区）定点光伏扶贫工程。坚持问题导向，促进光伏扶贫快速接网；引领村级电站建设模式，创新编制国家标准；创新电站运维模式和收益分配模式。创新绿色扶贫保生态，创新产业扶贫添动力，创新电商扶贫送真情，创新引智扶贫促发展。"国网阳光扶贫行动"直接惠及 1 000 多万贫困群众，帮助神农架林区在湖北省率先脱贫摘帽。

创新电力精准扶贫　　展现央企责任担当

党的十八大以来，国家电网有限公司深入学习贯彻习近平总书记关于扶贫工作的重要论述，始终牢记在打赢脱贫攻坚战中的使命和担当，坚持人民电业为人民，创造性地开展了"国网阳光扶贫行动"，取得了显著成效。

作为公司扶贫顶层设计的战略决策辅助中心，国家电网有限公司扶贫办农电处（简称农电处）把扶贫责任扛在肩上，始终坚持问题导向，立足全局抓重点，发挥优势显特色，加快新一轮农网改造升级，在央企中首倡捐建村级光伏扶贫电站模式，解决了全国光伏扶贫推进中遇到的一系列难题，为电力扶贫开发、精准脱贫攻坚做出了重要贡献。青海省委省政府两次授予公司"中央国家机关定点扶贫先进单位"称号，国资委授予公司"中央企业扶贫开发工作先进单位"称号。2017 年在国务院扶贫开发领导小组对中央单位定点扶贫工作考核中，公司获得了"好"的评价结果。

画好一张图，创新实施"国网阳光扶贫行动"

2015 年 11 月，在中央扶贫开发工作会议上，以习近平同志为核心的党中央吹响脱贫攻坚战冲锋号，要求国有企业承担更多扶贫开发任务。国资委要求，央企要主动作为，做出新贡献。国家电网有限公司是关系国民经济命脉和国家能源安全的特大型国有重点骨干企业，对于如何画好打赢脱贫攻坚战作战图这一重大问题，农电处进行了深入调研和分析，为公司党组决策提供了重要参考。

/ 农电处同志调研走访定点扶贫县贫困户

一是履行政治责任补齐农村电网发展短板。脱贫攻坚离不开电，农电处协调相关部门通过大数据分析得出，公司经营区内还有7.8万个自然村没有通动力电，亟须补齐电网发展短板，为打赢脱贫攻坚战提供电网基础保障。二是履行经济责任保障光伏扶贫战略落地。国家推进光伏扶贫战略，公司亟须提高新能源消纳水平，推动清洁能源外送，积极主动做好光伏扶贫项目接网服务。三是履行社会责任确保定点扶贫地区如期脱贫。按照中央扶贫开发工作部署，公司承担湖北巴东、长阳、秭归、神农架和青海玛多等五个县（区）的定点帮扶任务。确保这五县（区）与全国同步脱贫奔小康，是公司必须兑现的军令状。

基于履行以上三大责任的思考，农电处向公司提出建议，一个具有行业特色的"国网阳光扶贫行动"方案由此出台：用三年时间实施三大工程，即投资212.5亿元，实施村村通动力电工程；投资32亿元，完成国家光伏扶贫项目接网工程；投资7.03亿元，完成湖北、青海两省五县（区）定点光伏扶贫工程。三大工程具有极强的操作性，在扶贫重点任务落实方面，农电处采取了"三优先"举措，坚持做到扶贫资金优先保障、扶贫项目优先安排、扶贫人才优先选派，为服务脱贫攻坚提供了坚强的人、财、物保障。农电处还指导公司系统31个单位根据省、市、县党委政府脱贫攻坚工作安排，负责扶贫点1 213个，派出驻村第一书记695人、驻村工作队员2 202人。

做好领跑者,创新光伏扶贫发展长效机制

国务院扶贫办、国家能源局多次下发指导意见,将光伏扶贫列为精准扶贫十大工程之一。农电处深入分析当前光伏扶贫推进中的重点、难点问题,出台系列针对性举措,为形成光伏扶贫长效机制提供了国网方案。

一是促进光伏扶贫快速接网。农电处积极做好"十三五"光伏扶贫项目接网规划,按照"电站同步接网、电量全额消纳、收益及时支付"的目标,全力做好国家下达计划中光伏扶贫项目接网工作。畅通接网工程绿色通道,380伏并网的村级光伏扶贫电站项目,并网申请受理后1个月内并网发电,较常规接电时间压缩2个月。截至2018年6月,累计投资27.1亿元,并网总容量1 195.2万千瓦,惠及188万贫困户。

二是引领村级电站建设模式。精准扶贫进入攻坚期,剩下的深度贫困地区多为中西部高山地区,土地资源匮乏,适合建设村级光伏扶贫电站。农电处加强与国务院扶贫办相关部门沟通,把握光伏扶贫发展趋势,建议公司在央企中带头捐建村级电站,为全国村级光伏扶贫电站建设做出了示范。2017年,公司全额出资4.37亿元,在湖北"三县一区"236个建档立卡贫困村,建设200千瓦光伏扶贫电站,投运后捐赠给村集体,帮助近3万户10万名建档立卡贫困人口脱贫。村级电站成本低、占地少、并网易,贫

/ 农电处同志调研定点扶贫县茶叶种植产业扶贫项目

困户受益比例高,是将定点扶贫与光伏扶贫有机结合的一次创新。国务院扶贫办、国家能源局联合下发文件,在全国主推村级光伏扶贫电站建设模式。

三是破解光伏扶贫机制难题。针对光伏电站在运营中存在的运维保障难、收益结算难、精准受益难问题,农电处在推进定点光伏扶贫的过程中形成了可复制推广的光伏扶贫建设经验。第一,创新编制国家标准。农电处在建设过程中编制了《精准扶贫村级光伏电站管理与评价导则》等四项国家标准,由国家标准委作为国标发布,保障电站25年以上使用寿命。第二,创新电站运维模式。建立了村集体、运维单位、总包单位三级运维服务体系。创新实施"国网光伏云网连万家"工程,只要在手机上安装"光E宝"App,就可以看到光伏电站发电情况和账单。到2020年,将有超过150万分布式能源客户接入光伏云网,获得分布式光伏接入、运行、结算等线上服务。第三,创新收益分配模式。收益分配兼顾"造血"与"输血",收益主要用于壮大村集体经济,解决空心村或空壳村没有集体经济收入的问题,提高村集体为困难群众办实事的能力。开展贫困村公益岗位扶贫,将光伏电站看护、清扫村级公共道路等公益性岗位优先安排给贫困人口,增加贫困群众工资性收入,激发内生动力,实现劳动脱贫。开展贫困村小型公益事业扶贫,发展村级公益事业,维护村内小型水利、村内道路、环卫设施等公共设施,降低贫困群众生产、生活成本,增加间接性收入。开展贫困人口奖励补助扶贫,对

/ 农电处同志调研定点扶贫县消费扶贫带动群众增收情况

/ 农电处工作人员工作现场

特别贫困人口发放兜底补贴，对贫困人口子女进行助学资助，增加保障性收入。在公司承办全国光伏扶贫现场观摩会后，共有来自16个省（区、市）的117人次参观公司捐建的村级电站，推动了全国村级光伏扶贫电站的规范建设。

种好责任田，创新实施定点扶贫"造血"计划

在定点帮扶五县（区）工作中，农电处坚持精准帮扶，发挥行业优势，创新帮扶方式方法，着力激发内生动力，使帮扶产生良好的效果。

一是创新绿色扶贫保生态。公司定点扶贫的青海玛多县，地处三江源国家级自然保护区核心腹地，是黄河的发源地。农电处会同国网青海电力深入调查研究，了解当地群众最迫切、最需要帮扶的扶贫项目。他们了解到玛多民族寄宿制中学还在用煤炉取暖，既不清洁环保，取暖效果也不尽如人意。2017年，农电处落实公司投资的650万元，实施玛多民族寄宿制中学清洁供暖示范项目，为学校安装了热转换效率高的量子能取暖设备，学校教室内温度由项目实施前不到14℃提高到21℃。国家电网公司负责同志到学校看望同学们时，孩子们用"感谢党""国家电网保护环境"等书法作品表达对美好生活的向往。

二是创新产业扶贫添动力。公司出资10亿元，参与发起设立中央企业贫困地区产业投资基金。农电处组织定点扶贫县（区）开展产业扶贫，在湖北长阳、秭归、巴东县实施茶叶、烤烟加工煤改电示范项目建设，扶持湖北巴东香菇基地建设和神农架林区中蜂养殖产业，助推湖北长阳土地坡村发展高山茶叶、有机脐橙特色产业，确保贫困户稳定受益。其中，参与神农架林区中蜂养殖产业的贫困户每年可增收8900元以上。

三是创新电商扶贫送真情。农电处在国网电商平台开辟扶贫专区，宣传推介定点扶贫县优特农产品。2018年1月，在国家电网公司系统，动员员工购买定点扶贫县农产品，帮助五县（区）销售160.11万元的农特产品，拓宽了贫困户农产品销售渠道，激发了贫困群众脱贫的内生动力。

四是创新引智扶贫促发展。为帮助贫困地区实现高质量发展，推动产业升级，农电处积极牵线搭桥，促成北京猎鹰无人机科技有限公司、清华大学天津高端装备研究院在巴东设立"湖北华网智通科技公司"；促成国投创益基金公司出资2亿元，帮助神农架建设国际生态旅游目的地，倾力打造融全域旅游、美丽乡村、精准扶贫为一体的旅游文化项目。

在农电处的全力推动下，截至2018年6月，"国网阳光扶贫行动"取得丰硕成果，村村通动力电直接惠及972.3万贫困群众，帮助群众发展生产脱贫致富；光伏接网工程直接惠及188万贫困户，帮助群众享受光伏扶贫收益；累计向五县（区）政府捐赠扶贫资金2.28亿元，五县（区）定点光伏扶贫工程直接惠及10万贫困户，其中神农架林区在湖北省已经率先脱贫摘帽。

（照片提供：田峰）

中国人民解放军第 302 医院肝胆外科二中心 将藏区包虫病防治作为健康扶贫的有力切入点，联合中华慈善总会发起"藏区千名贫困家庭包虫病患者救助行动"，2017 年被中宣部确定为全国重大典型，并得到广泛宣传。医院先后安排 7 批 59 名专家，赴西藏萨嘎县、昂仁县、措美县、工布江达县、尼玛县和青海玉树称多县等青藏高原腹地开展包虫病普查和筛查，筛查藏族群众 8 000 余人次，确诊患者 500 余例。积极安排专家治重症，分批收治疑难重症患者 142 名。为 99 名患者做了复杂手术，成功率达 100%。采取帮教基层医务人员、打造重点协作医院、开展标准规范培训等方式，为藏区留下"带不走"的规范化医疗队，促进了藏区医疗卫生水平的提升。

勠力践行宗旨 造福藏族同胞

302 医院肝胆外科二中心深入贯彻落实以习近平同志为核心的党中央关于打赢脱贫攻坚战的重要决策部署，坚持把"健康扶贫"作为落实精准扶贫方略、践行为民服务宗旨的具体抓手，集中学科骨干力量、聚焦包虫病防治，在对口支援西部贫困地区特别是藏区贫困家庭包虫病患者救治方面做了大量工作，宣扬了党的民族政策，巩固了民族团结和军民鱼水情，促进了藏区社会稳定，赢得了藏族群众的赞誉。2017 年，302 医院肝胆外科二中心参与藏区包虫病防治的先进事迹被中宣部确定为全国重大典型，在中央电视台、新华社等 30 多家媒体广泛宣传，产生了良好的社会反响。

切实强化看齐意识，积极响应号召投身健康扶贫行动

积极响应扶贫号召。包虫病长期困扰藏区人民群众，给患者及其家庭带来极大痛苦和沉重经济负担。2015 年 11 月，中央召开扶贫开发工作会议，将实施健康扶贫工程列为打赢脱贫攻坚战的七大行动之一，为农村贫困人口脱贫提供健康保障。为积极落实以习近平同志为核心的党中央、中央军委的决策部署，肝胆外科二

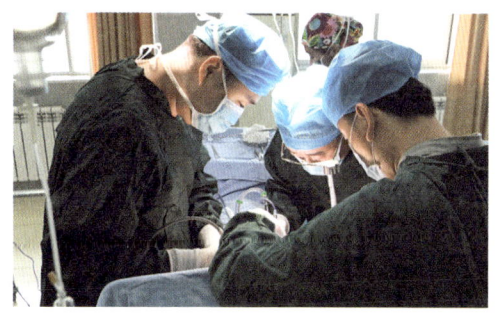

/ 肝胆外科二中心专家团队为藏区患者进行包虫病手术

/ 2015年12月22日，第一批西藏包虫病患者来302医院治疗

中心坚决听党指挥、强化看齐意识，结合自身特点，选择将藏区包虫病防治作为支援西部、健康扶贫的切入点，精准扶贫、精准脱贫的结合点，与中华慈善总会联合，发起"藏区千名贫困家庭包虫病患者救助行动"，为因病致贫、因病返贫的包虫病患者提供免费治疗，使其恢复健康，走上脱贫致富之路。

积极主动建言献策。2016年9月和2017年8月，在《军民融合精准医疗扶贫惠及藏区贫困家庭包虫病患者》《专家建议军地精准扶贫防治藏区包虫病》等文章中，肝胆外科二中心专家提出了"坚持国家主导，广泛发动社会各方面救助力量；加大技术帮扶，整体提高基层包虫病防治水平；加强健康宣教，逐步促进藏区农牧民卫生观念转化"等建议，受到党和国家领导人的高度关注，并作出批示给予肯定。同时，军队健康扶贫工作推进会作出部署，要求创建军队健康扶贫"三大工程"，并把"藏区包虫病救治"工作作为大病救治的"样板工程"来创建。

认真实施精准医疗救治，持续深入高原腹地为藏族同胞筛查疾病

深入藏区筛查宣教。2016年以来，肝胆外科二中心坚持真扶贫、扶真贫，积极行动，前赴后继。先后派出7批医疗队59名专家赴西藏自治区日喀则市萨嘎县、昂仁县、山南市措美县、林芝市工布江达县、那曲市尼玛县和青海省玉树藏族自治州称多县

等青藏高原腹地，克服高寒缺氧、反应强烈、路途遥远、条件艰苦等实际困难，开展包虫病流行病学调查、防治知识宣教、疑似患者筛查，累计筛查藏族群众8 000余人次，确诊患者500余例。

专家骨干仁心仁术。针对包虫病易传染、囊壁薄、复发率高这一难题，肝胆外科二中心专家团队采取难度最大、康复效果最好的整体剥离手法，对疑难复杂包虫外囊进行精准切除。在一年多时间里，先后为99名患者实施了复杂手术，成功率达到100%，包虫病复发率大幅下降。大医精诚，大爱无疆。2016年9月5日是我国首个法定"慈善日"，肝胆外科二中心主任刘振文主刀，为正在西藏自治区第二人民医院接受治疗的一对母女施行包虫病手术，中央电视台特别对此进行了现场直播，从刘振文主任精湛的手术技术到围手术期的爱心行动，都给全国同行传递了满满的正能量。

人文关怀无微不至。由于条件限制，部分重症患者无法在当地医院进行手术，肝胆外科二中心积极与医院领导沟通协调，把筛查出的疑难重症患者接到北京，开启绿色通道，整合全院力量，全力开展救治。已分期分批接收筛查确诊的疑难重症患者142名，其中32人因术前检查出患有肝癌、肺结核等其他疾病而不能手术，其余110人全部手术后治愈返藏。在藏区包虫病患者来京住院期间，刘振文主任主持病例讨论，与其他专家一起研究治疗方案，制定合理的临床治疗路径，确保手术以最严格的标准规范实施。

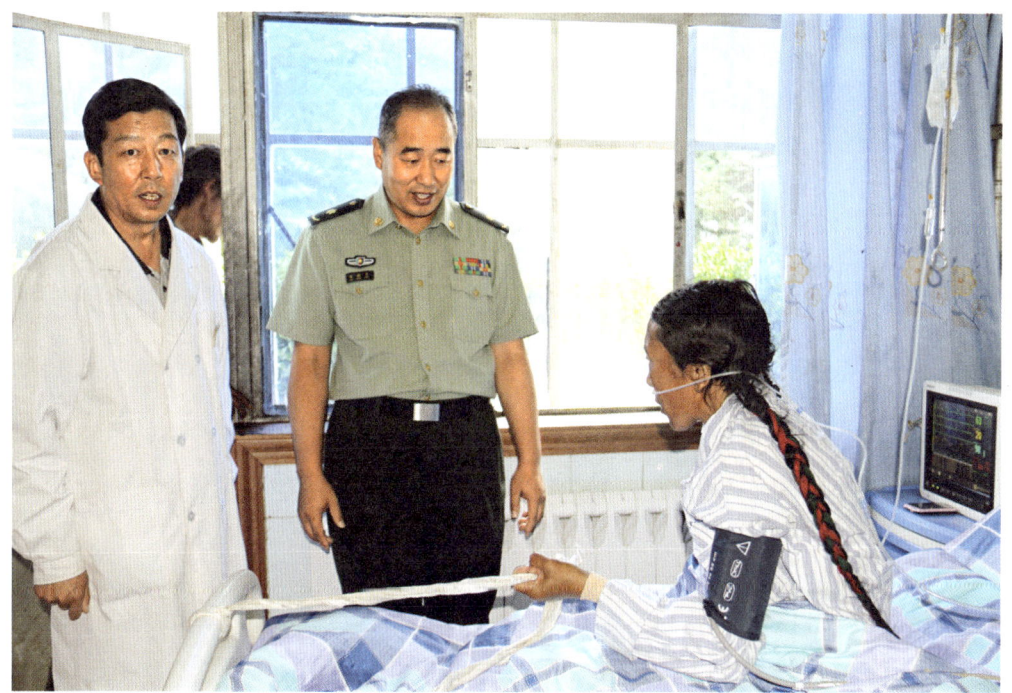

/ 肝胆外科二中心主任刘振文（中）在西藏自治区第二人民医院病房看望术后包虫病患者

他还针对藏族同胞生活习惯和心理特点，带领医务人员搞好民族特色服务，适时进行心理疏导，为患者安排藏族食谱、参观游览，为康复出院的患者送上制作精美的纪念相册。在扎扎实实救治贫困藏族同胞的同时，肝胆外科二中心还自发做好帮困扶贫工作，每次赴藏都深入特困户家庭送医、送药、送生活物资，有时专家还自掏腰包捐款。通过一点一滴的扶贫行动，让农牧民切实感受到党和人民子弟兵的温暖。

充分发挥学科人才优势，大力开展技术帮扶，长期造福当地群众

带教基层医务人员。肝胆外科二中心在开展包虫病筛查、治疗工作的同时，经常组织健康宣教，培养当地优秀人才，增强其自身造血能力。面对藏区包虫病高发但医疗卫生力量薄弱的实际情况，他们每到一地都对当地医院和乡镇卫生院领导进行政策宣传，提升其宣传国家包虫病防治政策和防护知识的紧迫感和责任感；对医务人员进行传染病和肝病诊断、治疗、感控、保健等专业化培训和手把手带教，提高基层医务人员的诊治水平，留下"带不走"的规范化医疗队，使当地藏族群众长期受益；对接受查体的藏族同胞进行包虫病防治知识宣教，让健康生活理念逐渐深入人心；对学校的学生进行集中科普教育，引导孩子们从小树立健康生活理念、养成良好卫生习惯。

打造重点协作医院。肝胆外科二中心发挥自身学科人才优势，实现了西藏、青海两

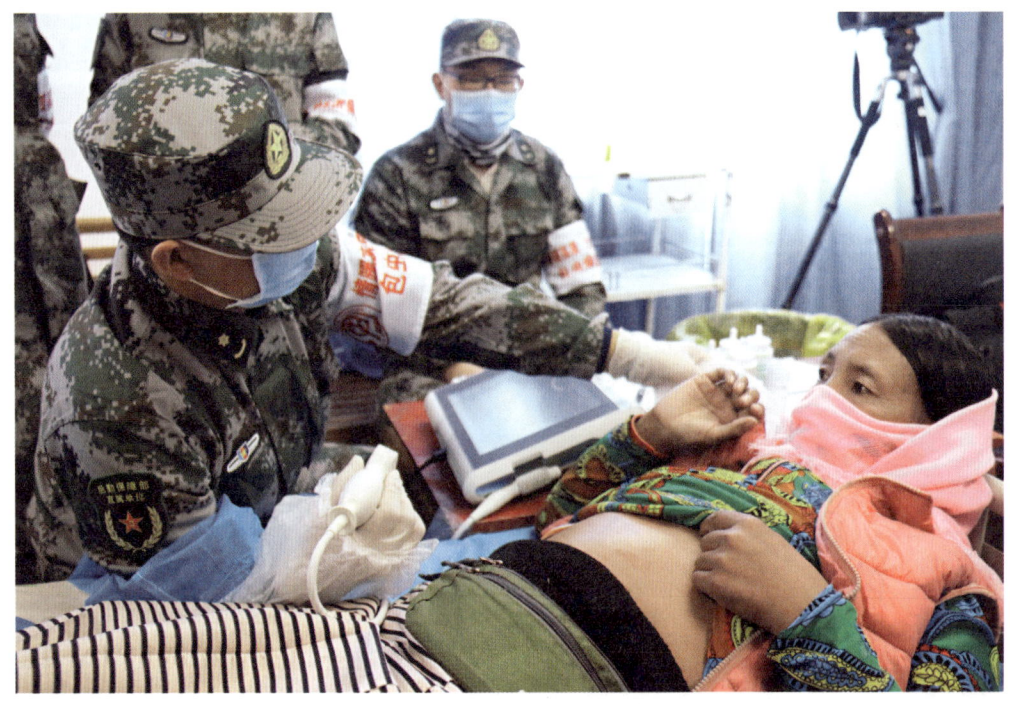

/ 肝胆外科二中心医务人员深入藏区为包虫病患者做超声检查

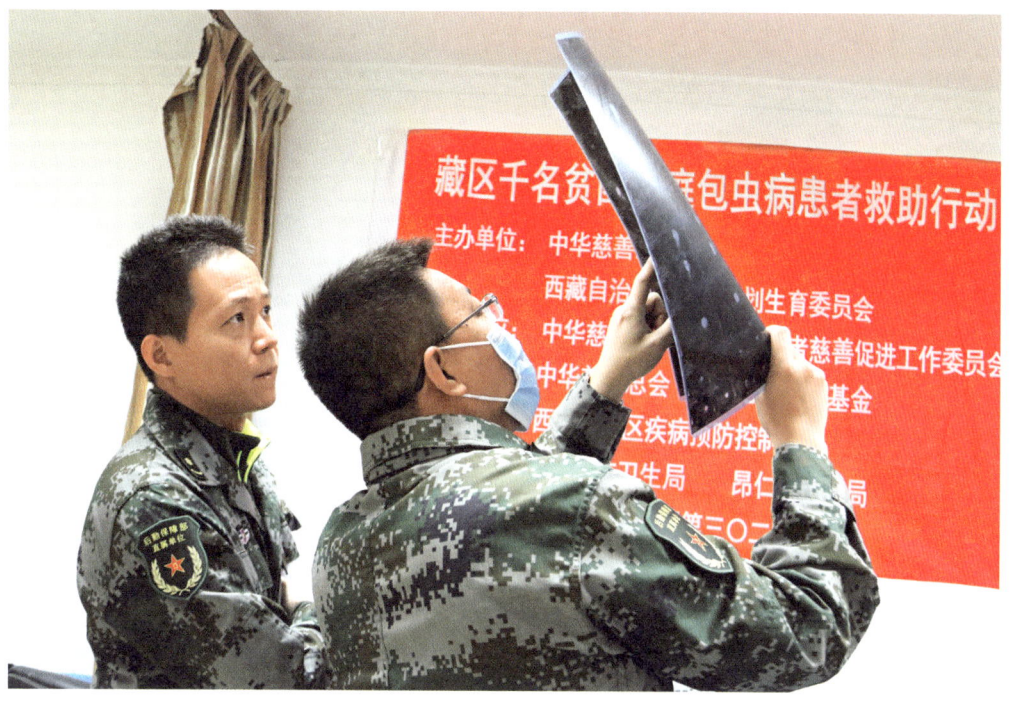

/ 军医在查看包虫病患者CT增强片

大藏区主要包虫病医疗机构的帮扶覆盖。2016年7月，联合中华慈善总会在西藏自治区第二人民医院成立了该区第一家包虫病治疗中心，派出专家定期赴藏开展联合查房和疑难病例会诊，进行包虫病外科手术示范，分享影像和超声技术经验，得到自治区同行的高度评价。2017年8月，又与青海省收治包虫病患者最多的第四人民医院建立了技术帮扶关系，专家现场开展教学查房、技术分享和坐诊带教活动。

开展标准规范培训。为实现从"输血援助"到"造血帮扶"的转变，2017年8月，302医院承办了第一期军队藏区包虫病筛查诊断与治疗技能培训班，由肝胆外科二中心专家进行教学培训和经验分享，来自相关地区的24家军地医院的42名业务骨干接受培训。2017年10月，由肝胆外科二中心牵头，联合西藏自治区第二人民医院在拉萨举办了西藏自治区包虫病外科规范化诊疗技术培训班。这是第一次军地联合在西藏开展的包虫病治疗培训，为来自全区医院及部分驻藏部队和武警部队14家医院的50余名外科、超声科医生进行了理论和实践教学，为打赢医疗扶贫攻坚战提供了人才支撑，有效提升了藏区整体包虫病诊治医疗水平。

风雪援藏路，军民鱼水情。肝胆外科二中心针对藏族患者的精准扶贫工作，使大批贫困藏族群众得到实实在在的救治，极大地加深了民族友谊和军民感情，促进了藏区社会稳定，有关党和国家领导人、军委首长、自治区领导给予高度评价。无论是当地藏族

/ 青海康复患者出院时向肝胆外科二中心医生敬献哈达

干部,还是普通百姓,看到一支支医疗队一次次前往高原,救治一批批贫困藏族群众,都由衷地赞扬党的好政策,赞颂共产党,赞美人民解放军。

(照片拍摄:陈爱平 刘娟)

后　记

本书的编写得到以下单位和同志的支持和帮助，特致以由衷的感谢：

感谢全国脱贫攻坚奖获奖先进单位为本书编写提供基础文稿和照片，并审核终稿。

感谢国务院扶贫办政策法规司、全国扶贫宣传教育中心、中国扶贫志愿服务促进会等单位，在本书编写出版过程中所做出的贡献。

感谢中国人力资源和社会保障出版集团为本书最终编辑出版提供技术支持。

特别要感谢长期以来在脱贫攻坚中埋头苦干，探索创新，切实把精准扶贫、精准脱贫落到实处，不断夺取脱贫攻坚战新胜利的广大干部群众，他们为本书奠定了思想和实践基础，注入了活力和动力。

编者

2019年9月